フランスの教員養成制度と
近年の改革動向

～今後の日本の教員養成を考えるために～

服部 憲児　著

はじめに

　教育は現代社会の最重要な構成要素の１つである。教育問題は多くの者の関心事であり、政権公約の重要な柱に教育政策が位置づけられることも多い。近年では教育再生実行会議の提言に基づく教育改革が進行したことは記憶に新しい。2021年12月の閣議決定により教育未来創造会議が新たに設けられ、2022年５月には「我が国の未来をけん引する大学等と社会の在り方について（第一次提言）」が出された。おそらくはこれからも政治主導で様々な教育政策が推し進められることと思われる。このことは、現代社会において教育の重要性が認識されていると同時に、多くの教育課題が存在しており、教育をめぐる多種多様な問題が山積していることを意味している。

　とりわけ21世紀になってからは、コンピューターならびにインターネットの普及に代表されるように、新しい技術の急速な拡充により情報化・グローバル化が加速度的に進行しており、社会の変化・進歩の速度が急速に高まっている。また、近年においては人工知能（AI）の開発が急速に展開されており、生活や労働において近い将来に大きな変化がもたらされることも予想されている。10年先の社会の予測もつきにくい状況になっている。さらに新型コロナウイルスの感染拡大の影響が混迷に拍車をかけている。

　当然ながら、教育もこのような社会の変化の影響を回避することは難しく、教育の根源的な部分は守りつつも、変化に対応していかなければならない。とりわけ、現代社会における教育の重要部分を占める学校教育において、その最前線で働く教員にかかる期待は大きくならざるをえない。より質の高い教育を行うために、より質の高い教員を育成することは、日本のみならず諸外国においても共通する重要課題である。第１章で述べるように、これまでも教員の育成策をめぐる様々な改革案が提案され、そして実行されてきた。例えば、昭和の時代には初任者研修（以下、初任研）制度の創設、平成になってからは「教職実践演習」の必修化、教職大学院の創設などがあげられる。これら諸改革には一定の成果は認められるにしても、教育課題や教員の育成をめぐる諸問題をすべて解消するものではない。

　さらに、教育界、そして教員をめぐる状況は依然として厳しいものがある。

中央教育審議会（以下、中教審）はその答申において、教員の大量退職・大量採用、それと連動する教員の経験年数の不均衡、ベテラン教員から若手教員への知識・技能の伝承の困難、学校教育が抱える課題の多様化、それに起因する教員の多忙化、社会全体の高学歴化による教員の専門職としての社会的評価の低下、学校や教職員に対する社会や保護者の厳しい反応などの課題を指摘している。そして、これからの時代の教員に求められる基本的資質能力として生涯にわたって資質能力を高めていくことのできる力、情報を適切に収集・選択・活用する能力、知識を有機的に結びつけ構造化する力、教育・指導にかかわる資質能力としてアクティブ・ラーニングの視点からの授業改善、道徳教育の充実、新たな課題（外国語教育、ICT活用、特別支援など）に対応できる力量、組織的に対応する資質能力として多様な専門性を持つ人材との効果的連携・分担、組織的・協働的に諸課題の解決に取り組む力などをあげている[1]。

　本書が対象とするフランスにおいても教育課題は多い。例えば教員の大量退職・大量採用期への対応、学校課題の多様化・複雑化、教員の社会的地位の向上など、日本と同じあるいは似たような課題も多い。また、教育改革を進める上で、教員の育成策が中心的課題の1つとして認識される点も共通していると言えるだろう。詳しくは第1章で触れるが、日本ではここ30年をみても教員の育成の在り方や教員の資質能力の向上の方策が継続的に議論されてきたし、様々な改善の試みがなされてきた。フランスにおいても同様にここ30年来、教員養成は重要な教育課題の1つであり、歴代政権において改革がなされてきた。教員の育成をめぐっては、いかに養成するかが長年議論されてきたし、様々な改革が試みられてきた。また、現職教員の力をいかに伸ばすかも重要課題であったし、近年ではいかに優秀な人材を教職に惹き付けるかといったことも問題となってきている。

　これらの問題に対して、フランスでは日本とは異なるアプローチが取られることもしばしばである。両国の間では社会的・歴史的・文化的背景が大きく異なるから、違いが生じても不思議ではない。改革に対する直接的な知見を得ようと思うのならば、社会的な諸条件や背景が比較的近い国を選ぶ方が得策かもしれない。しかしながら、より良い方策を考えるために、視野を広くもって固定観念にとらわれずに自由に発想してみるには、違う動きをあえて見てみる方

1　中央教育審議会「これからの学校教育を担う教員の資質能力の向上について～学び合い、高め合う教員育成コミュニティの構築に向けて～（答申）」（2015年）。

が有効ではないかと思う。

　教育改革は万国に共通する課題であるが、すべての問題を解決するようなものは、机上ではともかく現実には存在しない。また、仮に一定の改善がなされたとしても、新しい問題が発生したり、あるいは相対的に重要度が低かった問題が浮かび上がったりするので、半永久的に改革し続けることになるという面はある。ただ、改革の仕方を工夫する余地はあるように思われる。その手がかりについて、アプローチが異なるからこそ得られるものもあるのではないか。

　このような観点から、本書では、筆者がここ数年にわたって断続的に行ってきたフランスの教員養成制度改革に関する研究、教職への人材誘導策に関する研究、教員の研修に関する研究の成果をもとに、それらを可能な限りリニューアルして記述し、そこから教員の格上げや実践と研究のバランス、人材不足への対処、研修の実施方法などについて検討することにより、日本の状況を相対化して柔軟な発想で今後の教員の育成策の在り方を考えるための示唆を得ることをめざした。本書の作業を通して、日本における教員の育成の方向性は本当に正しいのか、異なる選択肢は考えられないのか、異なるアプローチの利点や課題はどのようなものか等を、フランスの事例を参照しながら検討していきたい。ただし、研究者だけではなく、教員志望の学生あるいは教育に関心を持つ学生や、教育の現場で働く教員や教育委員会関係者等にもお読みいただけるように、日本の教員養成をめぐる動向やフランスの教育制度等についても説明を加え、全体像の中で問題をとらえることができるようにした。

　そこで本書では、まずフランスの教員の育成をめぐる諸問題を見る前に、第１章で近年の日本の教員の育成政策について整理する。次いで、第２章でフランスの教育制度、第３章で同国の教員制度について概観する[2]。第４章では近年のフランスの教員養成制度改革の動向について分析する[3]。また、マクロン政権下において、本書の執筆と並行する形で教員養成制度改革が進行しており、その最新動向を第５章において紹介する。続く第６章では、教員養成の前段階の問題、すなわちフランスにおける教職への人材の誘導策について考察する[4]。

2　第２章および第３章は、拙稿「フランスの教育」杉本均・南部広孝編『比較教育学原論』（協同出版、2019年）をベースに、それに大幅に加筆・修正したものである。

3　第４章は、拙稿「1990年代以降のフランスにおける教員養成制度改革」京都大学教育行政学研究室編『教育行財政論叢』第13号（2016年）に加筆・修正したものである。

4　第６章は、拙稿「フランスにおける教職への人材誘導策—EAP（教員志願生／教員

第7章では、教員養成の後段階の問題、すなわちフランスにおける教員の研修について検討する[5]。最後に、各章で得られた知見を整理し、フランスにおける教員の育成策およびそれをめぐる様々な改革動向から、日本における教員の育成策に対する示唆に言及する。

さて、ここで本書で使用する用語について3点言及しておきたい。第1に訳語についてである。研究者の間では、フランスの学校は「保育学校（école maternelle）」、「初等学校（école primaire）」、「コレージュ（collège）」、「リセ（lycée）」と訳すのが通常である。しかし本書では、フランス研究者以外でも、またフランス語未学習者でも理解しやすいように、それぞれ「幼稚園」、「小学校」、「中学校」、「高校」の訳語を用いた。また、教科名なども可能な限り同様の配慮を行った。

第2に「教員」についてである。これと類似する言葉として「教師」がある。両者の間には重なる部分と異なる部分とがあるが、本書の内容と大きくかかわる教員の育成という面について、岩田康之は「システムの面から（主に公教育システムとしての学校において）教職を担う者を確保する営みを言い表す時に通常『教員養成』という語が用いられ、一方『教師教育』という語は教授担当者の主として個々の力量成長の質的な側面が問われる文脈で用いられる」と述べている。すなわち、「教員」は制度的・量的な面、「教師」は質的・個別的な面をそれぞれ指すとされている[6]。これは適切な整理であり、この使い分けには同意する。しかしながら、本書の関心の中心は教員の育成策のとりわけ制度的・政策的側面であるので、引用や固有名詞（それに相当するものを含む）を除き、原則として「教員」と表記した。ただし、質的・個別的な側面を全く問わないわけではないので、使い分けるなら「教師」と表記すべき箇所もあることを予めお断りしておく。

第3に「育成」と「養成」についてである。両者は同義的に使われる場合も

見習生）制度の成果と課題―」京都大学学際融合教育研究推進センター地域連携教育研究推進ユニット編『地域連携教育研究』第3号（2018年）に加筆・修正したものである。

5　第7章は、拙稿「フランスにおける教員の現職教育―クレテイユ大学区の中等教育教員研修を中心に―」『大阪教育大学紀要（第Ⅳ部門）』第56巻第2号（2008年）をベースとするものであるが、大半のデータを入れ替え、全面的に加筆・修正したものである。

6　岩田康之『「大学における教員養成」の日本的構造―「教育学部」をめぐる布置関係の展開―』（学文社、2022年）16〜17頁。

あるが、本書では教員養成機関／課程における初期養成、その前段階としての教員志願者のリクルート、現職教員の研修等をすべてカバーするものとして「育成」の語を用い、初期養成段階にかかわるものには「養成」を用いて区別した。また、「研修」と「現職教育」については、引用箇所等を除き、原則として「研修」で統一した。

【付記】本書は下記の科学研究費交付研究の成果を含んでいる。
- 堀内孜研究代表「教員養成高度化に向けた学部後課程における教員養成制度、カリキュラムの比較研究」（基盤研究（Ｂ）（海外学術研究）、課題番号26301041）（第４章・第６章）
- 服部憲児研究代表「フランスにおける教員の現職教育に関する研究」（基盤研究（Ｃ）、課題番号18530601）（第７章）
- 矢野智司研究代表「21世紀型コンピテンシー育成のためのカリキュラムと評価の開発」（基盤研究（Ｂ）、課題番号26285175）（「おわりに」の一部）

目　　次

はじめに ──────────────────────────────── 3

Ⅰ．近年の日本における教員の育成政策 ──────────── 12

　　1．教員養成の基本理念　12

　　2．中央教育審議会答申等に見る近年の教員の育成政策　13

　　3．現代日本における教員の育成政策の注目点　21

Ⅱ．フランスの教育制度 ──────────────────── 28

　　1．フランスの教育制度および教育行政　28

　　2．教育の体制と内容　32

Ⅲ．フランスの教員制度 ──────────────────── 42

　　1．教員に関する国際調査　42

　　2．フランスの教員─資格・勤務時間・業務─　43

　　3．フランスにおける教員の育成　47

Ⅳ．フランスの教員養成制度改革 ──────────────── 58

　　1．教員養成制度をめぐる状況　58

　　2．ESPE 創設までのフランスの教員養成制度　60

　　3．ESPE の創設による教員養成制度改革

　　　　─「修士化」の維持と「力量形成」の再興─　64

　　4．フランスにおける教員養成の課題　69

Ⅴ．マクロン政権下における教員養成制度改革 ———————— 72

　　1．教員養成制度の改革提言　72

　　2．新しい教員養成制度の概要　74

　　3．新しい教員採用試験の内容—初等教育教員の場合—　78

　　4．現行の教員養成制度改革の小括　81

Ⅵ．フランスにおける教職への人材誘導策 ———————— 84

　　1．教職の魅力の低下に対する懸念　84

　　2．EAP 制度の設立　87

　　3．EAP 制度の実施とその変更　90

　　4．新旧 EAP 制度変更の比較分析　95

　　5．教員養成の前段階に関する近年の動向：EAP からプレ力量形成事業へ　99

Ⅶ．フランスにおける教員の研修 ———————— 102

　　1．教員の研修をめぐる状況　102

　　2．フランスにおける教員の研修の法制度的枠組　104

　　3．大学区における教員の研修—クレテイユ大学区の場合—　107

　　4．フランスにおける教員の研修の課題と近年における改革提言　112

おわりに：フランスにおける教員の育成策から日本への示唆 ———————— 120

　　1．「教員の格上げ」と「研究力と実践力とのバランス」　120

　　2．教職の魅力化と教職への人材の誘導　123

　　3．教員の研修の充実　125

　　4．教育政策と教育の現場：制度の中にいる人への眼差し　128

　　5．まとめにかえて　130

あとがき ———————— 134

略号表

教特法：教育公務員特例法
教免法：教育職員免許法
教養審：教育職員養成審議会
資質・能力基準：教職員の職業的な資質・能力の基準（Référentiel des compétences professionnelles des maîtres du professorat et de l'éducation）
十年研：十年経験者研修
「初等研修」：「初等教育教員の研修に関する公共政策の評価―診断報告書―」
初任研：初任者研修
中教審：中央教育審議会
「中等研修」：「中等教育教員の研修―研修から職能・人材開発へ―」
「報告書」：「教員志願生制度の定性的評価報告書」
文科相：文部科学大臣
有識者会議：国立教員養成大学・学部、大学院、附属学校の改革に関する有識者会議
2006年答申：「今後の教員養成・免許制度のあり方について（答申）」
2012年答申：「教職生活の全体を通じた教員の資質能力の総合的な向上方策について（答申）」
2015年答申：「これからの学校教育を担う教員の資質能力の向上について～学び合い、高め合う教員育成コミュニティの構築に向けて～（答申）」

ANT：aides négociées de territoire（学校協議支援）
Cnesco：Centre national d'étude des systems scolaires
EAP：emploi d'avenir professeur（教員志願生）／étudiant apprenti professeur（教員見習生）
ECTS：European Credit Transfer and Accumulation System（欧州単位互換制度）
ESPE：école supérieure du professorat et de l'éducation（高等教員養成学院）
INSPE：institut national supérieur du professorat et de l'éducation（国立高等教職教育学院）
IUFM：institut universitaire de formation des maîtres（大学附設教員養成センター）
IUT：institut universitaire de technologie（短期大学部）
L1：学士課程第1学年
L2：学士課程第2学年
L3：学士課程第3学年
MAFPEN：Mission académique de formation des personnels de l'éducation nationale（大学区教育職員研修局）
MEEF：masters métiers de l'enseignement, de l'éducation et de la formation（教育職修士）
MEN：Ministère de l'éducation nationale, de la jeunesse et des sports（国民教育・青少年・スポーツ省）
M1：修士課程第1学年
M2：修士課程第2学年
PAF：Plan académique de formation（大学区研修計画）
STS：section de technicien supérieur（上級技手養成課程）
UEPP：unité d'enseignement de préprofessionnalisation（教職教育科目群）

I 近年の日本における教員の育成政策

Ⅰ. 近年の日本における教員の育成政策

　フランスにおける教員の育成をめぐる諸問題について検討する前に、近年の日本における教員の育成政策を確認しておきたい。というのも、教育制度や教員制度が異なるとはいえ、日本とフランスでは共通する課題も多く、日本の状況をよく知っておくことは、フランスの教員養成を理解したり、それをもとに考えたりする際に有効に作用すると考えるからである。ここでは、戦後の教員養成の基礎的事項を押さえつつ、概ね1990年代以降の教員の育成政策の動向を整理することとする。

1. 教員養成の基本理念[1]

　戦後の教員養成の基本理念の特徴を理解するためには、戦前の教員養成をみておく必要がある。戦前においては、初等教育（小学校）教員の養成は、専ら教員を養成するための機関である師範学校で行われていた。これは官立と公立のみであり、入学から卒業まで国家による統制がなされていて、画一的で権威主義的で融通の利かない教員を送り出していたとされ、必ずしも評判の良いものではなかった。中等教育教員の養成は主として高等師範学校において行われていた。文部省検定試験による教員免許状の取得や免許状資格認定を受けた大学等における無試験での免許状取得も可能であったが、概して画一的で閉鎖的な教員養成であったとされる。

　戦後の教員養成は、戦前のそれに対する反省をふまえ、画一性や閉鎖性を打破するとともに、国家統制からの解放がめざされた。1949年には教育職員免許法（以下、教免法）が制定され、現在の教員養成制度の基礎が築かれることになる。それは、「大学での教員養成」と「開放制」とを原則とするもので、教員養成がそれに特化した機関ではなく、すべての大学で行われることとされた。

1　本節の執筆にあたっては、竺沙知章「教員に関わる教育行政」高見茂・服部憲児編『教育行政提要（平成版）』（協同出版、2017年）、教育制度研究会編『要説　教育制度［新訂第三版］』（学術図書出版社、2007年）を主として参照した。

国家統制ではなく大学による教員養成を行うものであり、多様な人材を教職に誘い、一般教養・専門教養・教職教養を重視し、学問的基礎と教養に裏付けられた教員を養成することが理念とされた。

　しかしながら1953年の教免法の改正により、教員養成を行うことができるのは一定の条件を満たして文部大臣の課程認定を受けた大学・学部に限定されることとなり、開放制の原則に規制がかけられることとなった。さらに、教員に求められる資質能力が問われ、学問研究の自由に基礎を置く教員養成に対して批判がなされるようになり、上記原則の内容や基本理念は変質していくことになる。それを表すものが教免法の改正による基礎資格や基準の変化であり、より具体的には教職に関する科目の増加に象徴される。戦後改革時にめざされていた幅広い教養のある教員の養成よりも、後述する答申においても見られるように、実践的指導力の向上が重視されるようになっており、学校現場での実践的課題にいかに適切に対応できるかが求められる傾向にある。

２．中央教育審議会答申等に見る近年の教員の育成政策

　教員養成のあり方、特に教員に求められる資質能力とその向上のための方策とは、教員の育成策をめぐる議論の最重要の論点の１つであったし、今もそうである。上でも触れたように、とりわけ近年においては実践的指導力の向上が強く要請されており、そのために教員養成の高度化、指標化、養成・採用・研修の一貫性をめざす政策が展開されてきた。このような動向を、中教審答申等とそれに基づく政策および制度変更をみることにより確認しておこう。

（1）2006年中教審答申に至るまで

　1987年に出された教育職員養成審議会（以下、教養審）「教員の資質能力の向上方策等について（答申）」は、教員について「教育者としての使命感、人間の成長・発達についての深い理解、幼児・児童・生徒に対する教育的愛情、教科等に関する専門的知識、広く豊かな教養、そしてこれらを基盤とした実践的指導力が必要である」と指摘している。その上で、養成・採用・研修の各段階を通じての資質能力の向上策を求めており、現在におけるこれらの一体的改革へとつながっていく。また、同答申が提案した免許状改革により専修免許状が新設され、教員資格に大学院修士課程修了のレベルが組み込まれることに

なった[2]。教員養成の高度化の嚆矢と見ることもできよう。なお、この答申では特別免許状の新設、初任研制度の創設、現職教育の体系的整備等も提言されている。

この10年後には、教養審により「新たな時代に向けた教員養成の改善方策について（第1次答申）」（1997年）、「修士課程を積極的に活用した教員養成の在り方について（第2次答申）」（1998年）、「養成と採用・研修との連携の円滑化について（第3次答申）」（1999年）の3本の答申が出された。第1次答申は教員に求められる資質能力を、①いつの時代も教員に求められる資質能力、②今後特に教員に求められる具体的資質能力に分けるとともに、③得意分野を持つ個性豊かな教員の必要性を示したことで知られており、教員養成カリキュラムの弾力化や、教職に関する科目の充実、社会人の活用などが提言されている。第2次答申は、現職教員の資質能力の向上を図るため、可能な限り多くの現職教員が多様な形態で修士レベルの教育を受けることができるよう、条件整備を進めるとともに、修士号・専修免許状取得者に対し所要の処遇改善を行うことを基本的考え方とし、修士課程において教員養成を行いやすくするための様々な改善策が提示された。第3次答申では、キャリアを通じた教員の資質能力の向上という観点から、養成・採用・研修の一体的改善がめざされており、採用の改善、研修の見直し、大学と教育委員会等との連携方策の充実、教職課程の充実と教員養成に携わる大学教員の指導力の向上に向けての提言がなされている。また、この答申においては、十年経験者研修（以下、十年研）、学校評議員制度、学校評価、教員評価などの具体的な提案もなされた。これら一連の答申においては、養成段階だけではなく生涯にわたる教員の資質能力の向上、教員に共通して求められる基礎的な資質能力の確保という方向性を見出すことができる[3]。

第1次答申の後には教免法が改正され（1997年）、新しい時代に求められる資質能力の育成が期されることになる。具体的には、第1次答申で提言された「総合演習」、外国語・情報機器操作、教育相談等が教員養成のカリキュラムの中に盛り込まれることになった。2003年には教育公務員特例法（以下、教特法）の改正により、第3次答申で提案された十年研が法定化された。なお、教養審

2　榊原禎宏「教員養成・採用・研修制度と教育経営研究」日本教育経営学会編『教育経営における研究と実践（講座　現代の教育経営4）』（学文社、2018年）、167頁。

3　榊原禎宏、前掲書、168頁。

答申と直接関係するものではないが、1998年には介護等体験特例法が成立し、義務教育諸学校の免許状の取得に介護等体験が義務づけられている。

（2）2006年中教審答申と教員養成制度改革

　現在の教員養成制度に大きな影響を与えたのが、2006年の中教審「今後の教員養成・免許制度のあり方について（答申）」（以下、2006年答申）である。この答申は、教員の資質能力の向上を図るために、養成・採用・研修等の総合的な改革についてとりまとめたものである。そこでは、免許制度の改革の基本的方向を示し、それを実現するための具体的な方策として、教職課程の質的水準の向上、教職大学院制度の創設、教員免許更新制の導入、採用・研修・人事管理等の改善・充実、教員に対する信頼の確立等が提言されている。ここでは、その主要なものとして、その後の改革でも注目を浴びた最初の３つについてみておきたい。

　教職課程の質的水準の向上については、その主要なものは2010年度入学生からの「教職実践演習」必修化である。これは「教職課程の他の授業科目の履修や教職課程外での様々な活動を通じて、学生が身に付けた資質能力が、教員として最小限必要な資質能力として有機的に統合され、形成されたかについて、課程認定大学が自らの養成する教員像や到達目標等に照らして最終的に確認するもの」である。つまり、使命感を持って教科指導・生徒指導等を実践できる資質能力の確認がこの科目に求められた。これは、大学に対して教員養成の質保証の取り組みを求めるものであり、また授業内容例に加えて「到達目標及び目標到達の確認指標例」も答申において示されたことから、教員養成のスタンダード化につながるものでもあった[4]。

　教職大学院制度の創設については既に多くの論文や書籍で言及されているところであるが、教員養成の分野において高度専門職業人を育成するために、教員養成に特化した専門職大学院を創設することで教員養成教育の改善・充実を図るものである。教職大学院の設置によって「力量ある教員の養成のためのモデルを制度的に提示することにより、学部段階をはじめとする教員養成に対してより効果的な教員養成のための取組を促す」（2006年答申）ことが期待されている。教職大学院は、より実践的な指導力・展開力を備えた新しい学校づくりの有力な一員となりうる新人教員の養成と、地域や学校における指導的役割

4　竺沙知章、前掲書、241頁。

を果たしうる教員等として不可欠な確かな指導理論と優れた実践力・応用力を備えたスクールリーダーの養成とを目的としており、高度実践型教員養成の機能を果たす機関と位置づけられる。教職大学院の創設は、それが高度な教員養成に特化しているという点で「大学での教員養成」という前提を問うものであり、理論と実践との融合が謳われているものの、相対的に実践が重視されるようになったという点で「学校を離れてこそ『よりよい』教員が育つと考える発想から、現場実践を経てこそ『よりよい』教員を育てられるという発想への切り替えが明言された」[5]ものである。

　教員免許更新制の導入も既に多くの論文や書物で言及されているものである。それが構想され始めた頃にはいわゆる不適格教員の排除を目的としていたこともあり、当初中教審は慎重な態度であったが、この答申では「その時々で求められる教員として必要な資質能力が確実に保持されるよう、必要な刷新（リニューアル）を行うことが必要であり、このため、教員免許更新制を導入することが必要である」とされた[6]。また、いわゆる不適格教員の排除を直接の目的とするものではないと明言され、専門職に必要な資質能力の保持と最新の知識技能の習得とをめざし、そのことによって社会の尊敬と信頼を得ることが期待されている。しかしながら、実施にあたっては、教員の時間的・金銭的・心理的負担、免許未更新による代用教員の人材不足などの問題が指摘され、2021年にはこの制度の発展的解消が検討された。そして2022年の法改正により、教免法における教員免許更新制に関係する規定の削除と同時に、教特法において校長および教員ごとに「研修等に関する記録」を作成することが規定された（第22条の5）。

（3）民主党政権下における教員養成政策

　周知の通り2009年8月の第45回衆議院議員総選挙において民主党が勝利を収め、9月には民主党政権が発足した。この民主党政権下の2012年8月に、中教審「教職生活の全体を通じた教員の資質能力の総合的な向上方策について（答申）」（以下、2012年答申）が出された。この答申は、21世紀を生き抜くための新たな学び（思考力・判断力・表現力などの育成）に対応した指導力を身に付

5　榊原禎宏、前掲書、169～170頁。

6　牛渡淳「近年の教員養成・研修改革の構想と課題」『日本教育経営学会紀要』第56号（2014年）8頁。

けること、ならびに、学校現場における諸課題の高度化・複雑化に対応するために養成段階における実践的指導力の育成強化が必要であるという基本姿勢をとっている。

　改革の方向性としては、教育委員会と大学との連携・協働による教職生活の全体を通じた一体的な改革、新たな学びを支える教員の養成、「学び続ける教員像」の確立（学び続ける教員を支援する仕組みの構築）をめざしている。また、教員を高度専門職業人として位置づけ、「教員の高度専門職業人としての位置付けを確立するため、教員養成を修士レベル化することが必要である」と指摘している。

　その重要なポイントの１つが免許状の高度化である。この答申では、教員免許状を「一般免許状」「基礎免許状」「専門免許状」の３種類とし、学部４年間に加え１〜２年程度の修士レベルの課程での学修を要する「一般免許状」を標準とすることを提案している。当時一部では教員養成が医学系のように６年制になるかのような報道もなされたが、学士課程修了レベルの「基礎免許状」取得後に一度学校現場に出てから修士課程で学修して「一般免許状」を取得することも想定されており、ルートの多様性は考慮されていた。いずれにせよ、これらを可能にする体制の整備は必要で、修士レベルでの教員養成の拡充、すなわち教職大学院制度を発展・拡充してすべての都道府県への設置を推進することを求めている。

　また、当面の改善方策として、修士レベル化に向けた修士レベルの課程の質と量の充実、教育委員会と大学との連携・協働等に段階的に取り組むことの推進、主要な取り組みを教育振興基本計画に盛り込むことも合わせて提案されており、上記の教職大学院の拡充もこの中に位置づけられていた。この他にも採用段階の選考方法の改善、初任者に対する支援の仕組みの構築、現職教育プログラムの充実、管理職の職能開発も求めており、養成・採用・研修の各段階にわたる教員のキャリアを通しての資質能力の向上、育成が期されている。

　民主党政権下において出されたこの答申は、変化を期待する教育関係者や研究者の間で注目を浴びたが、数ヶ月後には再び政権交代があり、高度専門職業人としての位置づけや学び続ける教員などは引き続き言及されるものの、中教審の提言には変化も見られるようになる。

（4）現行の教員の育成政策

1）自公政権成立後の動き

2012年12月の第46回衆議院議員総選挙では自民党が圧勝して再び政権交代が起こり、公明党との連立政権が発足する。翌2013年の1月には教育再生実行会議の開催が閣議決定される。教員養成に関しては、第5次提言「今後の学制等の在り方について」（2014年7月3日）において、教員免許制度を改革すること、社会から尊敬され学び続ける質の高い教員を確保するために養成・採用・研修等のあり方を見直すことなどが提言された。これを受ける形で2014年7月29日には文部科学大臣（以下、文科相）から中教審に対して「これからの学校教育を担う教職員やチームとしての学校の在り方について」諮問がなされた。

さらに、諮問がなされた後の2015年5月には同会議の第7次提言「これからの時代に求められる資質・能力と、それを培う教育、教師の在り方について」において、教職生活全体を通じた育成指標の明確化、優れた人材の獲得、教職課程等の改革、研修の改革などの提言がなされた。これらをふまえつつ、2015年12月には中教審「これからの学校教育を担う教員の資質能力の向上について〜学び合い、高め合う教員育成コミュニティの構築に向けて〜（答申）」（以下、2015年答申）が出されることとなった。

2）2015年答申の主な内容

この答申は、教員を高度な専門職として位置づけ、教職生活全体を通じた職能成長を実現する環境づくりをめざして、教員養成・採用・研修の全体にわたる改革の方向性を提示している。それは、「教員は学校で育つ」との考えの下、教員の学びを支援すべく、養成・採用・研修を通じた具体的な方策を、キャリアステージごと、すなわち、養成・採用・研修（1〜数年、中堅、ベテラン）の各段階について提示している。

養成段階については、主として、新たな課題に対応した教員養成への転換、学校インターンシップの導入、教職課程に係る質の保証・向上の仕組みの促進、「教科に関する科目」と「教職に関する科目」の統合など科目区分のいわゆる大くくり化の4点である。これらのうち、新たな課題への対応とは、アクティブ・ラーニングの視点からの授業改善、ICTを用いた指導法、道徳教育の充実、外国語教育の充実、特別支援教育の充実であり、いずれもこれからの教員に求められている資質能力である。また、インターンシップについては、理論と実践の往還による実践的指導力の基礎の育成、学生による教員としての適格性の把握、学校を支援する人材の確保といったメリットがあり、教育現場で学ぶこ

との重要性が協調されている[7]。

　採用段階については、採用のミスマッチの防止や円滑な入職のための取り組み（学校ボランティアや教師塾などの普及）を行うこと、各都道府県等における教員採用の際の試験問題作成上の負担軽減や新たな教育課題を踏まえた適切な試験の実施のために教員採用試験の共同作成に関する検討を行うこと、複雑化・多様化する教育課題に対応するために特別免許状の活用等による多様な人材（高度な専門性を持った人材）を確保することが提案されている。

　研修の改革については、キャリアステージごとに改革案が提示されている。教職の基盤を固める時期である１～数年目については初任研の改革で、運用方針の見直し（校内研修の重視・校外研修の精選）、２・３年目など初任段階の教員への研修との接続の促進が提案されている。「チーム学校」の一員として専門性を高め、連携・協働を深める時期である中堅段階は十年研の改革で、具体的にはその実施時期の弾力化、目的・内容の明確化（ミドルリーダー育成）が求められている。より広い視野で役割を果たす時期であるベテラン段階については、管理職研修の改革で、　新たな教育課題等に対応したマネジメント力の強化、体系的・計画的な管理職の養成・研修システムの構築が必要とされている。

　また、全体を通して継続的な研修の推進も求めている。具体的には、校内研修推進のための支援等の充実、メンター方式の研修（チーム研修）の推進、大学・教職大学院等との連携や教員育成協議会（後述）の活用推進、新たな課題に対応した研修の推進・支援が提示されている。新しい課題については、アクティブ・ラーニング、英語、道徳、ICT活用、特別支援教育があげられている。養成段階と枠組は同じであるが、その内容は異なっている。

　さらに、これら教員の資質能力の向上を図るための諸施策が効果を発揮するように、学び続ける教員を支えるキャリアシステムの構築のための体制整備についても言及されている。すなわち、教育委員会と大学等との協議・調整のための体制（教員育成協議会）の構築、教育委員会と大学等との協働による教員育成指標・研修計画の全国的な整備、国による大綱的教員育成指標の策定指針の提示、関係者による教職課程コアカリキュラムの共同作成である。養成・採

7　教育再生実行本部によって提案された「教師インターン制度の導入」については、それが適性主義によるもので、修了時に教員として適性があると認定された者のみが本免許を発行され正式採用となることになりかねないとの指摘もある。牛渡淳、前掲書、４～７頁。

用・研修を通じた教員の学びと成長を支えるために、元来は「養成は大学、採用と研修は教育委員会」という役割分担がなされてものを、両者がより強力な連携を図ること、それを具体的な制度として構築することが求められている点が注目される。また、養成・研修を通じての新たな課題への対応やコアカリキュラムの作成など、教育課程改革と連動した教員の育成を明確に示している点も、この答申の特徴といえるだろう。

3）2015年答申を受けての法改正

　2015年答申を受けて「教育公務員特例法等の一部を改正する法律」が2016年に可決され、教特法が改正された（2017年4月施行）。そこでは、文科相が公立学校の校長・教員の計画的かつ効果的な資質の向上を図るために指標の策定に関する指針を定めること（第22条の2）、任命権者（教育委員会）が、文科相が定める指針を参酌して、校長・教員としての資質に関する指標を定めること、またその際に下掲の協議会において協議すること（第22条の3）、任命権者が指標を踏まえて校長・教員の研修について体系的かつ効果的に実施するための教員研修計画を定めること（第22条の4）、任命権者が、指標の策定に関する協議ならびに指標に基づく校長・教員の資質の向上に関して必要な事項についての協議を行うための協議会を組織すること（第22条の5）が規定された。協議会の主たる構成員は任命権者と関係する大学であり、養成・採用・研修を通じた一体的な教員の資質能力の向上が期されている。また、これらは各学校を単位とした教員研修の拡充を図るものである[8]。

　2015年答申においては、各大学が教員育成指標をふまえた教員養成を行うこと、国の指針をふまえた教職課程コアカリキュラムの共同策定により教員養成の水準を確保することが求められていた。コアカリキュラムについては「教職課程コアカリキュラムの在り方に関する検討会」において検討され、2017年11月に「教職課程コアカリキュラム」として公表された。それは、教職課程で共通して習得すべき事項を示すものではあるが、大学の自主性・独自性の教職課程への反映を阻害するものではなく、各大学が責任をもって教員を養成する仕組みの構築により、教職課程全体の質保証をめざすものであるとされている[9]。改善の余地がないとは言わないが、答申に基づく教員育成指標・教員育成協議

8　榊原禎宏、前掲書、171頁。

9　髙谷哲也「教員の免許・養成・研修制度改革の進展」日本教育経営学会編『現代教育改革と教育経営（講座　現代の教育経営1）』（学文社、2018年）128〜129頁。

会・教職課程カリキュラムの創設により、養成・研修・採用の一体的な教員育成制度の改革の基盤が、一定程度構築されたとはいえよう[10]。

　この他にも教特法の改正においては、2015年答申の提言を受けて、十年研が中堅教諭等資質向上研修に改められた。改正前は「その在職期間が十年に達した後相当の期間内に、個々の能力、適性等に応じて、教諭等としての資質の向上を図る」と規定されていたが、改正後は「教育に関し相当の経験を有し、その教育活動その他の学校運営の円滑かつ効果的な実施において中核的な役割を果たすことが期待される中堅教諭等としての職務を遂行する上で必要とされる資質の向上を図る」となり、実施時期の弾力化が図られるとともに、ミドルリーダーの育成をめざす研修へと転換がなされた。

　本項冒頭で示した「教育公務員特例法等の一部を改正する法律」により、教特法に加えて、教免法と独立行政法人教員研修センター法も改正された。前者では、「教科に関する科目」と「教職に関する科目」が統合され「教科及び教職に関する科目」に一本化された。いわゆる大くくり化である。この他にも特別免許状の種類に外国語が追加されるなどの改正がなされた。後者については、同センターが研修の充実に積極的な役割を果たすために、名称・目的・業務が改正された。法律名も「独立行政法人教職員支援機構法」に改められた[11]。

３．現代日本における教員の育成政策の注目点

　教員の育成政策の全体的動向については、すでに多くの論考で言及がなされているので[12]、ここでは本章と以後の章との関係で注目しておきたい点を中心に整理をしておきたい。まず、近年の教員の育成政策においては教員を高度な専門職と位置づけ、より質の高い教員の育成が期されている。そこでは養成段

10　田子健「教員育成制度創設の課題─大学の役割を中心に─」『教育制度学研究』第25号（東信堂、2018年）6～7頁。

11　教免法については一部を除き2019年4月施行、独立行政法人教職員支援機構法は一部を除き2017年4月施行。

12　本章の執筆にあたって参照したものを中心にあげると、安藤知子「教員養成・研修プログラムの改革をめぐる大学における『組織学習』の課題」『日本教育経営学会紀要』第56号（2014年）、名須川知子・渡邊隆信編『教員養成と研修の高度化』（ジアース教育新社、2014年）、牛渡淳、前掲書、教育制度研究会編、前掲書、田子健、前掲書、榊原禎宏、前掲書、髙谷哲也、前掲書、竺沙知章、前掲書などがある。

階に加えて、研修の段階においても、教員により高い実践的指導力を求めている点が第1の注目点である。例えば、2006年答申をもとにした主要な改革である教職実践演習の新設、教職大学院の設立、教員免許更新制の導入は、他の事柄にも関係するものではあるが、実践的指導力の向上をめざすものである。また、民主党政権下に出された2012年答申でも実践的指導力の育成強化が必要であるという基本姿勢は同じであった。さらに、榊原は2015年答申およびそれを受けての法改正による現行制度の方向性について、「①教員の資質能力の『高度化』、②教員の育成と学びを促すうえでの内容と時期の基準化（スタンダード化）、③学校内外の諸問題に実効性のある計画と評価を伴う緻密化と捉えられる」[13]と整理している。これは、実践的指導力を高めるための高度化であり、基準化（スタンダード化）であり、緻密化であるとみることもできよう[14]。

　さて、このように実践的指導力が求められるようになった背景には、社会の変化（校内暴力、いじめ、不登校などの解決困難な教育課題の顕在化）と大学での教員養成への失望（従来の養成方法ではそれらに十分対応できないこと）があるとされる[15]。これは教員養成における開放主義理論と教員養成論との相克に関係している。教員養成をめぐる思想としては、一方ではアカデミズム教養論に立脚し、自己自身を教養する人間形成をめざし、狭くて深い学力が必要とする開放主義理論が、他方では学校現場での即戦力が必要とし、「教える必要によって学ぶ」学び方を重視し、学問があれば教員が務まるわけではないとする教員養成論がある。前者は教育観・教職観を鍛え上げることを重視し、後者は教育現場の必要性によって学ぶことを重視する。実践的指導力重視の動向は、前者から後者へのシフトを意味するものである[16]。

　また、これと関連して、実践性と学術性について「師範学校批判として成立した高等教育段階における教員養成は、学術性（アカデミズム）の重視を眼目

13　榊原禎宏、前掲書、172頁。

14　実践的指導力の重視の動向は、現場主義への傾斜と実践的指導力を明示化する規準・基準設定との2方向に展開していると指摘されている（油布佐和子「教師教育改革の課題―『実践的指導力』養成の予想される帰結と大学の役割―」『教育学研究』第80巻第4号（2013年）80頁）。前者は例えば教職大学院の創設、後者は教員育成指標や「教職課程コアカリキュラム」に見ることができる。

15　油布佐和子、前掲書、80頁。

16　安藤知子、前掲書、16～17頁、船寄俊雄「戦前・戦後の連続と断絶の視点から見た『大学における教員養成』原則」『教育学研究』第80号第4巻（2013年）。

としており、それは実践性（エデュケーショニスト）をむしろ忌避する。これに対して、専門職業人志向は『理論と実践の往還』というスローガンをたずさえつつ、実践性をより優位におく発想に基づくのである」[17]という指摘がある。この教員養成における実践性と学術性の問題は、近年のフランスの教員養成制度改革における論点の１つであり、第４章および第５章でその改革動向を紹介する。それをもとに、実践的指導力の重視が最善の策であるのか、そこに注意すべき点はないのかなどについて検討してみたい。なお、フランスの教員養成においても高度化や基準化（スタンダード化）が見られるが、これらの点に関しては既に先行研究が存在するので、本書では深くは言及しない。

　第２の注目点として、「学び続ける教員像」と、それと密接に関係する研修をあげたい。大学卒業後に入職するという通常のルートだと、定年まで勤めると教職生活は30年を超えることになる。この長期にわたって教員が学び続けるために、研修の充実は重要である。上述のように、2015年答申の提言にもとづき、国レベル・地方自治体レベルで校長・教員の資質向上を図るための指標を定めること、指標に基づく教員研修計画を定めること、指標作成や資質向上策について大学と教育委員会が協議する場（教員育成協議会）を設けることとなった。これにより体系的な研修を計画・実施する体制の大枠が整備されたといえよう。先にも述べたが、これらは各学校を単位とした教員研修の拡充を図るものでもあり、「教員は学校で育つ」との考えのもと、OJTを通じて教員が同僚と日常的に学び合う校内研修の充実にもつながりうるものである[18]。

　研修における大学と教育委員会との連携はもう１つの重要なポイントである。戦後、養成は大学、採用と研修は教育委員会という役割分担がなされてきたが、1999年の教養審答申では教員研修における両者の連携が提言された。今回の改革ではそれが法定化され、教員育成協議会という具体的な組織が設けられることになった。今後は連携の中身が問われることになるであろう。さらに、教員免許更新制の発展的解消とその代替策としての「研修等に関する記録」の作成（教特法第22条の５）も、今後の注目点の１つになろう。フランスにおいても研修の充実は課題の１つであり、近年その問題性の指摘と改革提言の提示がなされている。ここで示した研修の体系的整備、教員養成機関と教育行政と

17　榊原禎宏、前掲書、169頁。

18　勝野正章「教員と教育経営」日本教育経営学会編『教育経営ハンドブック（講座現代の教育経営５）』（学文社、2018年）104頁。

の連携、研修履歴の管理など、共通する課題も多い。これらも含めて、研修の問題は第7章において紹介する。フランスの教員研修制度は必ずしも先進的とは言えないかもしれないが、それとの対比により、日本の教員研修制度の特質をとらえ、今後の研修体制の整備に向けて示唆を得るものとしたい。

第3の注目点としては、教職への円滑な入職をめざしている点をあげておきたい。これは上記2点ほどクローズアップされているとは言えないかもしれないし、特徴というよりも、これから重要になっていくであろうことと言った方が良いかもしれない。しかしながら、答申等でも触れられ始めている課題である。2015年答申で提示された新しい課題に対応する内容の教員養成への組み込み、インターンシップ制度の導入は、段階的に教員として成長する初期段階、学び続ける教員の初期段階における改善案である。また、新世紀になってから各地の教育委員会で開催されるようになった教師塾も、青田買い的な教員確保の要素があることや従来の教員養成における教育委員会と大学との役割分担をめぐって批判もあるが、「教職生活をキャリアの継続的な過程と捉え、これに包括的に関与しようとする発想に基づく」[19]ものとみなすなら、教職への円滑な入職を促すものととらえることもできる。

他方でこれを教職への入口の問題として見た場合、別の課題が見えてくる。それは、教職の魅力化の問題である。公立学校の教員採用試験の倍率が大きく低下していることを報ずる記事を見た人も多いかと思うが、文部科学省の「令和3年度（令和2年度実施）公立学校教員採用選考試験の実施状況」（令和4年1月公表）によれば、全体の競争率（採用倍率）は3.8倍で、前年度の4.0倍から減少（小・中は減少、高は微増）している。特に小学校は過去最低を更新しており、2倍を切る自治体の数が二桁を超えている。「『令和の日本型学校教育』を担う教師の人材確保・質向上プラン」では、当面の対応として取り組む事項の1つに「教職の魅力を上げ、教師を目指す人を増やす」ことが掲げられている。また、国立の教員養成系大学・学部に関するものではあるが、「教員志望が高い学生あるいは教員となることが期待される多様な経験や高い能力を持つ学生」の受け入れを推進する提言もなされている[20]。フランスでは、これは既に教員の育成策の重要課題の1つとして位置づけられており、その状況や

19　榊原禎宏、前掲書、170頁。

20　国立教員養成大学・学部、大学院、附属学校の改革に関する有識者会議「教員需要の減少期における教員養成・研修機能の強化に向けて」（2017年）14頁。

政策について第6章において紹介する。この先、教職への人材のリクルートは間違いなく重要課題となると考えられることから、フランスの事例をもとに、今後どのような対策を講じることが求められるか、その際に留意すべき事項は何かといったことを考えてみたい。

Ⅱ　フランスの教育制度

Ⅱ．フランスの教育制度

1．フランスの教育制度および教育行政

　フランス共和国は、国土約54万㎢（本国のみ）、人口約6,600万人、一人当たりのGDPが日本の約３分の２の３万9,000ドル（実質４万2,000ドル）（IMF.2016）である。18の地域圏（regions：国と県の中間に位置する行政単位）、101の県で構成されている（海外領土を含む）。首都はパリである。政体としては共和制であり、「自由・平等・友愛」[1]を共和国の原理としている。

（1）フランスの教育制度の概略

　学校制度は、５－４－３制である。義務教育は長い間小学校入学時点から10年間であったが、マクロン政権下において幼稚園教育を義務化する方針が打ち出された。そして2019年７月26日に「信頼できる学校のための法律（Loi n° 2019-791 du 26 juillet 2019 pour une école de la confiance）」が成立したことにより、義務教育開始年齢が現行の６歳から３歳に引き下げられた[2]。一度も原級留置（いわゆる留年）がなければ高校１年修了時までとなる。

　フランスの学校体系は小学校５年間、中学校４年間、高校３年間である。就学前教育機関としては２歳からの子どもを受け入れる幼稚園および小学校附設の幼児学級があり、義務化以前から３～５歳は就学率がほぼ100％であった。特別支援教育（障害児教育）は、MEN所管の特別学校（établissement régional d'enseignement adapté）や特別学級（section d'éducation spéciale）、厚生省所管の医学＝教育施設（IMP：institut médico-pédagogiqueやIMPo：

1　「自由・平等・博愛」として知られているが、ここでは在日フランス大使館ホームページの訳を採用した。https://jp.ambafrance.org/article4046（最終確認日：2021年10月13日）

2　小島佳子「フランス」文部科学省『諸外国の教育動向2019年度版』（明石書店、2020年）83～85頁。

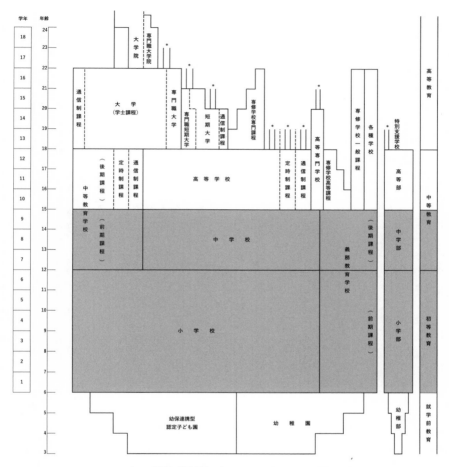

日本の学校系統図（※網掛け部分は義務教育）

出典：文部科学省「諸外国の教育統計」令和3（2021）年版8頁をもとに一部修正して作成

institut médico-professionel）、インテグレーションを行う学級（CLIS：classe d'intégration scolaireやUPI：unité pédagogique d'intégration）など、多様な場で行われている[3]。

3　星野常夫「障害児教育」フランス教育学会編『フランスの伝統と革新』（大学教育出版、2009年）133～135頁。

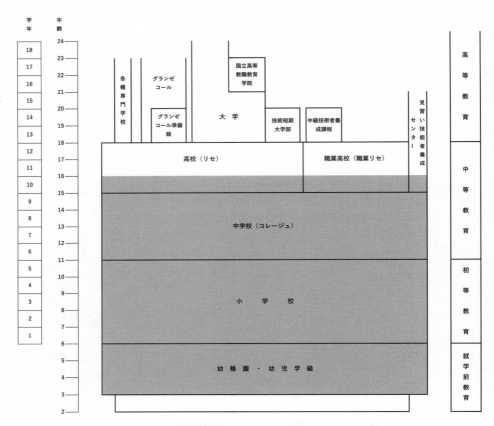

フランスの学校系統図（※網掛け部分は義務教育）

出典：文部科学省「諸外国の教育統計」令和3（2021）年版11頁をもとに一部修正して作成

　初等中等教育においては、国民教育・青少年・スポーツ省[4]（Ministère de l'éducation nationale, de la jeunesse et des sports, 以下、MEN）所管の公立学校のほかに私立学校がある。私学に在籍する児童・生徒は全体の2割弱である。高等教育は大きく分けて大学、フランス独特のエリート養成機関であるグランゼコール、短期高等教育機関に分類される。最も学生数が多いのは大学であり、すべて国立でMEN所管である。大学以外は私立や他省庁所管の機関もある。

4　本書執筆時点での教育担当省である。詳細は本節第2項を参照。

高等教育への進学はバカロレア試験合格を基礎資格とする。グランゼコールと短期高等教育機関については、これに加えて個別の入学選抜が行われる。大学、短大の進学率は67.62％（ユネスコ．2018）であり[5]、免状未取得でのドロップアウトや就職難は長期的な教育・社会問題となっている。

　無償制の原則により、公立学校の教育は高校、大学も含めて原則無償である[6]。大学では社会保障費や図書館使用料などの費用が発生するが、年間数万円程度であり、日本の水準で考えると無償といって差し支えないレベルである。就学率は義務教育はほぼ100％、高校（義務教育後の中等教育）は約95％である。高等教育進学率は７割弱である（バカロレア資格の取得率は８割弱）。フランスの教育制度の特徴として、原級留置および飛び級制度があげられる。前者については、初等中等教育で一度以上原級留置になった者は３割以上であり、OECD加盟国のなかでは最高水準にある。ただし近年では、後述する学習期（cycle d'apprentissage）の間で１回のみとするようになっている。

　先に日本およびフランスの学校系統図を示した。両国とも単線型を基本とする学校制度であるが、教育内容が専門分化する高等教育段階では教育機関が多様化している。初等教育の開始（小学校等への入学）年齢および中等教育（高校等）の修了標準年齢は同じであるが、先述の通り義務教育期間はフランスの方が下に３年、上に１年長くなっている。

（2）フランスの教育行政制度

　フランスの教育行政は中央集権的なシステムになっている。国レベルの教育行政機関はMENであるが、フランスでは政権交代に伴う省庁再編は珍しくない。日本の文部科学省に相当するものは基本的に国民教育省であるが、それが国民教育省と高等教育研究省（あるいは国民教育青少年市民生活省と高等教育研究省）に分かれている時期もある。2014年には両省が統合されて国民教育・高等教育研究省となっている。マクロン政権発足後は再び国民教育省と高等教育・研究・イノベーション省に分かれ、2018年の内閣改造において国民教育省

5　GLOBAL NOTE－国際統計・国別統計専門サイト。https://www.globalnote.jp/post-2511.html?cat_no=122（最終確認日：2021年７月16日）

6　ただし、給食費や文具や学用品などは家庭の負担であり、高校では教科書は原則有償である。小島佳子「フランス」文部科学省編『諸外国の教育動向　2016年度版』（明石書店、2017年）115 〜 116頁。

は国民教育・青少年省となった。さらに2020年の内閣改造に伴い、国民教育・青少年省とスポーツ省とが再編されて、国民教育・青少年・スポーツ省となっている[7]（以下、本書においては、当該時点での教育担当省をすべて「MEN」と表記する）。

　地方教育行政については、MENの出先機関として大学区（académie：再編前の地域圏とほぼ同じ教育行政単位）に大学区総長（recteur）が、県（département）に大学区視学官（inspecteur d'académie）が、県内を市郡に分けた単位に国民教育総視学官（inspecteur de l'éducation nationale）が配置されるとともに、それぞれに事務局が設けられている。大学・高等教育機関は国（高等教育担当省）が、高校は大学区（大学総長）が、中学校は県（大学区視学官）が、小学校・幼稚園は市・郡（国民教育視学官）が担当する。2016年からは、地域圏再編に伴い１〜３の大学区で構成される「大学区圏（région académique）」[8]が設けられ、そこに大学区圏長（recteur de région académique）が置かれ、大学区間の政策の調整などの業務を行っている。

２．教育の体制と内容[9]

（1）小学校・中学校

　2016年度より、フランスの小学校と中学校の９年間は、小１〜小３の第２学習期、小４〜中１の第３学習期、中２〜中４の第４学習期の三つの学習期に分けられている（第１学習期は幼稚園第３学年）[10]。第２学習期は基礎見習期

7　小島佳子「フランス」文部科学省『諸外国の教育動向2017年度版』（明石書店、2018年）75〜77頁、小島佳子「フランス」文部科学省『諸外国の教育動向2018年度版』（明石書店、2019年）85頁、小島佳子「フランス」文部科学省『諸外国の教育動向2020年度版』63頁。

8　文部科学省『世界の学校体系』（ぎょうせい、2017年）、小島佳子、前掲書（2017年）においては「地域圏教育区」と訳されている。

9　本節での記述にあたっては、フランス教育学会編『フランスの伝統と革新』（大学教育出版、2009年）およびフランス教師教育研究会編『フランスの教員と養成制度—Ｑ＆Ａ（改訂版）—』（2004年）、文部科学省編『諸外国の教育動向』各年版を参照した。

10　島埜内恵「フランスにおける教育課程改革の動向—『共通基礎』と外国語教育に焦点を当てて—」『教育制度学研究』第24号、2017年、197頁。なお、2015年度までは、小学校５年間に就学前教育の４年間を加えた計９年間を、３年ごとの学習期（初期学習期、基礎学習期、深化学習期）に分けて教育課程を編成していた。

（apprentissages fondamentaux）であり、教科として国語（＝フランス語。以下同じ）、現代語（外国語または地域語）、算数、世界への関心、芸術（造形芸術・音楽）、体育、道徳・市民教育が設けられている。第３学習期は強化期（consolidation）であり、教科としてはこれらに芸術史が加わるとともに、世界への関心に代わって理科・テクノロジー、地歴が設けられている。第４学習期は深化期（approfondissements）であり、情報・メディアが加わるとともに、理科・テクノロジーが物理・化学、生物・地学、テクノロジーに分かれている。

　小学校は全国に約２万校あり、公立対私立の割合は約３：１である。中学校は全国に約7,000校あり、公立対私立の割合は約５：２である。小学校は中学校や高校と比べて圧倒的に小規模である[11]。学年によって若干異なるが、教科としては国語、数学、外国語、地歴・公民、科学技術（生物・地学、物理・化学、テクノロジー）、芸術（造形芸術、音楽）、体育、選択科目となっている。中学校卒業後の進学先としては、普通高校（lycée général）、職業高校（lycée professionnel）、見習い技能者養成センター（CFA：centre de formation d'apprentis）がある。進学先は中学校における進路指導によって決まるが、不服のある場合は校外の不服審査委員会で審査し、最終決定がなされる。入学試験は行われない。

　シラク政権下の2005年に成立した「学校基本計画法」（いわゆるフィヨン法）およびそれに続く2006年７月11日付政令（décret）により、義務教育における基礎学力として「知識・コンピテンシーの共通基礎（socle commun de connaissances et de compétences）」が定められ、教科横断性、知識の活用、実用性を要点とするコンピテンシー・ベースの義務教育が展開されることとなった。フィヨン法では、学校の主たる使命は知識の伝達と共和国の価値の共有であるとされ、義務教育ではこの共通基礎を児童生徒に保証することとされた[12]。オーランド政権下では、これを見直す形で「知識・コンピテンシー・教養の共通基礎（socle commun de connaissances, de compétences et de culture）」が定められた[13]。そこでは、義務教育における学習領域として「思考・コミュ

11　上原秀一・京免徹雄・藤井穂高「フランスの学校の役割と教職員」藤原文雄編『世界の学校と教職員の働き方』（学事出版、2018年）39頁。

12　大津尚志・松原勝敏「フランス保守政権下の教員養成制度と教員にもとめられる能力」フランス教育学会編『現代フランスの教育改革』（明石書店、2018年）224頁。

13　細尾萌子「コンピテンシーに基づく教育改革—中等教育の伝統の打破？」フランス

ニケーションのための言語」、「学習のための方法と手段」、「人間および市民の育成」、「自然のシステムと技術のシステム」、「世界の表現と人類の活動」の5領域が設定されている[14]。

（2）高校

　高校は大きく普通高校と職業高校とに分かれる。普通高校は公立が約1,500校、私立が約1,000校あり、1校あたりの平均生徒数は前者が約1,000人、後者が約400人である。普通高校では、第1学年の教育は全員共通であるが、第2学年から普通教育課程と技術教育課程に分かれる。普通教育課程はさらに文学系（L）、経済・社会系（ES）、科学系（S）の3つの系に分かれ、それぞれに対応する普通バカロレア資格の取得をめざす形が取られてきた。しかし、マクロン政権下で高校の教育課程の見直しが行われ、2019年度からこの3コース制が廃止されることとなり、生徒は共通教科と個々の進路や興味関心に応じて選択する専門教科とを履修することとなった。専門教科は第2学年で3教科（各週4時間）、第3学年で2教科（各週6時間）、共通教科は第2学年で国語、地歴、外国語（2言語）、体育・スポーツ、科学、道徳・公民、第3学年で哲学、地歴、外国語（2言語）、体育・スポーツ、科学、道徳・公民である[15]。

　技術教育課程は工業・持続可能な発展系（STI2D）、実験科学系（STL）、マネージメント・経営系（STMG）、健康・福祉系（ST2S）、デザイン・応用芸術系（SDT2A）、ホテル業・外食産業系（STHR）、音楽舞踏系（TMD）、農学・生物系（STAV）の8つの系に分かれ、技術バカロレア資格の取得をめざす[16]。普通バカロレア資格取得者のほぼ全員、技術バカロレア資格取得者の約8割が高等教育に進学する。第1学年のカリキュラムは、共通科目（国語、地歴、外

　　教育学会編『現代フランスの教育改革』（明石書店、2018年）150 ～ 151頁、細尾萌子「フランスの中学校における学習指導要領の変容（1998年・2008年・2015年）―コンピテンシー・ベースの影響―」『フランス教育学会紀要』第30号（2018年）7頁。

14　Ministère de l'éducation nationale, de la jeunesse et des sports, "Le socle commun de connaissances et de compétences"（https://www.education.gouv.fr/le-socle-commun-de-connaissances-de-competences-et-de-culture-12512、2021年7月19日確認）

15　小島佳子、前掲書（2018年）89頁、小島佳子、前掲書（2020年）88 ～ 89頁。

16　細尾萌子「論述型のバカロレア試験を介した高大接続のしくみ」細尾萌子・夏目達也・大場淳編『フランスのバカロレアにみる論述型大学入試に向けた思考力・表現力の育成』（ミネルヴァ書房、2020年）19頁。

国語、経済・社会、数学、物理・化学、生物・地学、体育、公民、デジタル科学・技術）に加え、選択科目（科学技術系、文学系、芸術系）で構成されている[17]。

　職業高校は公立約1,000校、私立約650校、平均生徒数はそれぞれ約400人と200人である。職業高校は内部で工業系と商業・サービス系とに分かれている。そこでの教育は、職業バカロレア資格の取得および職業資格である職業適格証（CAP：certificat d'aptitude professionnelle）の取得をめざして行われる。これらの資格は職業別に細かく分かれている。職業バカロレア取得者には進学者が、CAP取得者には就職者が多い[18]。

　高等教育への進学には、その基礎資格であると同時に中等教育の修了証でもあるバカロレア資格を取得する必要がある。バカロレア資格には普通バカロレア資格、技術バカロレア資格、職業バカロレア資格の３種類があり、それぞれ普通高校普通教育課程、普通高校技術教育課程、職業高校に対応している。普通バカロレア資格および技術バカロレア資格は上記の各系に対応する形でそれぞれ３および８の系に分かれる。職業バカロレアはさらに専門領域ごとに細分化されており、工業製品整備、輸送、受付、販売、調理、写真など100種類以上の専攻がある[19]。

　バカロレア試験は、高校の最終学年（３年）の６月に全国一斉で行われる[20]。受験回数や年齢に制限はない。受験者の内訳は、普通バカロレア資格が半分強、技術バカロレア資格が約４分の１、職業バカロレア資格が約２割となっている。受験科目は、普通バカロレア資格の場合、文系で哲学、理科、数学・情報、国語、地歴、第一外国語、文学など、社会系で哲学、理科、地歴、第一外国語、数学または経済・社会科学、理系で哲学、国語、地歴、物化または生地または数学、第一外国語などとなっている。試験の形式は論述式筆記試験であるが、近年では選択式の問題も一部導入されている。20点満点で10点以上で合格とな

17　EDUSCOL（https://eduscol.education.fr/633/seconde-generale-et-technologique、2021年12月29日確認）

18　夏目達也「フランスの職業高校における職業準備と進学準備をめぐる相克」細尾萌子他編、前掲書、213 ～ 214頁。また、職業教育の詳細については園山大祐編著『教育の大衆化は何をもたらしたか―フランス社会の階層と格差―』（勁草書房、2016年）参照。

19　細尾萌子、前掲書、19頁。

20　ただし、国語（フランス語）および個別課題学習などの一部教科高校は２年次に実施される。細尾萌子、前掲書18頁。

る。平均合格率は９割弱である[21]。

　フランスの高校教育の特徴の１つとして、哲学の授業があげられる。先述のようにバカロレア試験の科目にも設定されている。2021年のバカロレア試験の哲学においては「議論することは、暴力を放棄することか？」、「無意識はすべての形の認識から逃れているのか？」、「我々は未来に責任を負っているか？」（以上、普通バカロレア試験）、「法に背くのは常に正しくないことか？」、「知るということは、何も信じないということか？」、「技術は我々を自然から解放するか？」（以上、技術バカロレア試験）といった問題が出されている[22]。学力の三要素の１つとして思考力・判断力・表現力を位置づける日本の教育にも参考になる部分は多いように思われる。

（３）高等教育

　高等教育機関は、大学、短期高等教育機関、グランゼコールの３系統に大きく分かれる。大学は学士課程３年、修士課程２年、博士課程３年となっている。すべて国立で約80校あり、バカロレア資格を取得していれば原則として誰でも進学することができる。短期高等教育機関は大学附設の短期大学部（IUT：institut universitaire de technologie）と普通高校附設の上級技手養成課程（STS：section de technicien supérieur）とがある。第２・第３次産業の諸領域について、２年間でそれぞれ大学技術教育免状（DUT：diplôme universitaire de technologie）と上級技手証（BUT：brevet de technicien supérieur）を取得できる。入学に際しては、バカロレア資格の取得を基礎要件に入学選抜が行われる。グランゼコールはフランス独特の教育機関であり、大学よりも威信が高く、トップエリートの養成を行っている。理工科大学校

21　細尾萌子「バカロレア試験制度」フランス教育学会編（2009）、細尾萌子（2017）16 〜 23頁。

22　Huffpost, "les sujets du bac de philosophie 2021 des séries générales et technologiques"（https://www.huffingtonpost.fr/entry/les-sujets-du-bac-de-philosophie-2021-des-series-generales-et-technologiques_fr_60c9e26de4b0b80b49e9cfc7、2021年12月29日確認）．なお、バカロレア試験の哲学問題については、坂本尚志『バカロレア幸福論―フランスの高校生に学ぶ哲学的思考のレッスン―』（星海社、2018年）、坂本尚志「論理的に考えて表現する力を育む高校教育―哲学教育を中心に」細尾萌子他編、前掲書（2021年）、坂本尚志『バカロレアの哲学―「思考の型」で自ら考え、書く―』（日本実業出版社、2022年）を参照。

（École polytechnique）、行政学院（École nationale de l'administration）[23]、高等師範学校（École normale supérieure）などが有名であり、フランスの政財界・産業界のトップで活躍する人材や高級官僚等を多数輩出している。グランゼコールに入学するには、通常、高校卒業後にグランゼコール準備級（CPGE：classes préparatoires aux grandes écoles）に進学し、通常そこで2年間の補習教育を受けたうえで、個々の機関が実施するきわめて難易度の高い入学試験に合格しなければならない。

　大学では原則として入学選抜が課されないため、とりわけ低学年次におけるマスプロ教育、それと関係する資格未取得でのドロップアウトが大きな社会問題となっている。さらに、大学進学を想定されている普通バカロレア資格取得者の一部が、教育環境のよさを求めて技術バカロレア資格取得者の進学先として想定されている短期高等教育機関に進学し、技術バカロレア資格取得者をそこから押し出してしまうという問題も生じている。入学定員があるためIUTやSTSに進学できなかった技術バカロレア資格取得者は入学選抜のない大学に進学することになるが、レベルの高さと必要な支援の欠如のため、多くは無資格のままドロップアウトすることになる[24]。公費による教育費支出を基本としているため、何も資格を取得せずに大学を離学する者が多いことは、財政的にも大きな損失であり非効率であると批判されている。このような中途退学者対策の1つとして、2008年には事前登録と事前指導を行うAPB（Administrations Postbac）システムが導入された[25]。さらにそれを改善する形で2021年度からはParcoursupが施行され、進路指導ならびに高大接続改革が図られている[26]。

　2012年5月に就任した前大統領オーランドは、選挙公約の四つの柱である「新

23　行政学院は2022年1月に「国家の上級管理職ならびに指導者のリクルート、養成、研修のための新しいフランスの公的機関」として"Institut du service public"（INSP：公役務学院）に改組された（INSPホームページ：https://insp.gouv.fr/missions、2022年4月6日確認）。関係法令としては2021年12月1日付「公役務学院の組織及び運営に関する政令」（Décret n° 2021-1556 du 1er décembre 2021 relatif à l'organisation et au fonctionnement de l'Institut national du service public）を参照。

24　拙稿『フランスCNEによる大学評価の研究』大阪大学出版会、2012年、51～54頁。

25　拙稿「フランスの高等教育における学業継続支援策」フランスにおける排除と包摂研究会編『フランスにおける社会的排除メカニズムと学校教育の再構築』（2010年）108～114頁。

26　細尾萌子「フランスにおける高等教育進路選択改革の高校教育への影響」『教育制度学研究』第28号（2021年）238～239頁。

世代への希望」のなかで「教育の回復」を掲げていた[27]。その後同政権下の2013年に「学校基本計画法」とともに成立した「高等教育研究法」に基づき、学生の成功と高等教育・研究の国際化のための政策が推進されている[28]。まず、上述の無資格ドロップアウト対策として、IUTやSTSに技術バカロレアおよび職業バカロレア資格取得者の最低受入率を設定し、本来想定されている短期高等教育機関に優先的進学できるようにした。この他にも、インターンシップ（stages）の大学教育課程への組み込みや起業支援の推進といった学生の就業支援、フランス・デジタル大学（FUN：France université numérique）の設立、MOOCプラットフォームの設置といった高等教育のデジタル化の推進などが行われた[29]。

　マクロン政権下では、2018年に「学生の進路および成功に関する法律（Loi n° 2018-166 du 8 mars 2018 relative à l'orientation et à la réussite des étudiants)」が成立した。この法律は、高等教育への受入体制の改善、学生の生活条件の向上、学生を成功に導くことを目的とするものであり、前年の2017年に発表された「学生計画（Plan étudiants)」に法的枠組みを付与するものである[30]。この「学生計画」は、高校でのよりいっそうの進路指導、より公平で透明な高等教育へのアクセス、個々人に合わせて刷新されたバカロレア後教育の提供、成功に資する学生生活の条件、改革遂行のための約10億ユーロの大規模な国家財政投資の5つの軸で構成されており、それぞれ2～5の具体的な施策が提示されている[31]。

（4）学校教育と学校外教育との連携

　フランスの初等教育では、伝統的に水曜日と日曜日を休日とする学校週5日

27　François Hollande, "Le Changement c'est maintenant, mes 60 engagements pour la France", le 30 janvier 2012.

28　サルコジ政権までの教育改革の動向については、上原秀一「フランス」文部科学省編『諸外国の教育改革の動向』ぎょうせい、2010年、参照。

29　小島佳子「フランス」文部科学省編『諸外国の教育動向　2013年度版』（明石書店、2014年）113～117頁。

30　小島佳子、前掲書（2019年）、97～98頁。

31　Ministère de l'enseignement supérieur, de la recherche et de l'innovation & Ministère de l'éducation nationale, "Plan étudiants: accompagner chacun vers réussite", 2017, p.9.

制が採用されていたが、1991年以降は年間授業時間（936時間）を確保すれば授業日数を柔軟に編成できることになり、学校によって週4日制や土日休みの週5日制なども実施されていた。サルコジ政権下の2008年には、これが原則週4日制（水土日休み）とされた[32]。続くオーランド政権下では、「学校基本計画法」に基づく教育における不平等の解消と子どもたちの学力向上・成功とをめざす改革の一環として、子どもたちの負担軽減と学習・生活リズムの適合とを図るため、2013年より初等教育の週4日制を改め週4日半制とされた。週4日制であれ週4日半制であれ、日本の感覚からすると学習時間が短いような印象を受けるが、フランスの年間修学時間はOECD諸国の中で多い方であり、この変更は就学時間の集中を改善する狙いがあったとされる。授業時間が軽減された平日の午後には、国による基金の一部支出を伴った3時間の学校周辺活動（activités périscolaires）が実施されるようになった。それは、各自治体の責任の下で、授業前・昼休み・放課後に行われる文化・スポーツ・市民活動であり、市町村が地域教育計画（projet éducatif territorial）を策定してこの活動を保障し、学校内外の教育の協同と学校開放とが期された[33]。

　マクロン政権下では、学校現場により多くの自由を与え、地域のニーズを考慮した学校の構築に取り組む方針が示され、週あたり授業時数の柔軟化が行われ、週4日半制に加えて週4日制が選択可能となった[34]。児童は週4日制の場合は毎日、週4日半制の場合は水曜以外毎日、授業後等に課外活動に参加する。その運営や支援は教員ではなく、学習・文化・スポーツ・社会活動といった社会教育・生涯学習の活動を担う専門職であるアニマトゥール（animateur：社会教育関係職員）が行っている[35]。このように、フランスでは学校での授業と課外活動とのバランスも考慮されている。

　さらに同政権下では、課外活動の充実に関して「水曜日計画（Plan

32　藤井穂高「初等教育の問題構成と改革課題」フランス教育学会編『現代フランスの教育改革』（明石書店、2018年）59頁。

33　岩橋恵子「フランスにおける子どもの修学リズム改革と地域教育計画（PEDT）―学校内外の連携の視角から―」『志學館大学教職センター紀要』第2号（2017年）4～5頁。

34　小島佳子、前掲書（2018年）86頁。

35　上原秀一・京免徹雄・藤井穂高、前掲書、43～44頁、岩橋恵子「アニマトゥール（社会教育関係職員）の制度化と社会教育の発展」フランス教育学会編『現代フランスの教育改革』（明石書店、2018年）306頁。

mercredi）」が実施されている。それは、課外活動の質を強化すること、その教育的価値を高めること、文化・スポーツ活動を奨励すること、社会的・地域的断絶を無くすことを目的とするもので、2018年度から毎週水曜日（長期休暇時を除く）に、幼稚園から小学校最高学年である5年生までの全幼児・児童を対象として、地方自治体（市町村）が編成する課外活動―スポーツ、文化、自然、芸術など―を行うものである。実施のイニシャティブはあくまで地方自治体であるが、それが提供する課外活動を国が奨励・支援することで質の向上をめざしている。水曜日計画は、①家庭教育、学校教育、課外活動の相補性、②希望者全員の参加の保障、③地域およびその関係者との連携、④アウトプット（作品、パフォーマンス、試合などの成果）を志向する多様な活動の提供の4点を質保証の基軸としている[36]。

　新たに始まった別の取り組みとしては、授業内の学習と授業外の学習との連関を強め、生徒を学校での成功へと導く「宿題終わった（devoirs faits）」プログラムが注目される。宿題は子ども間の不平等の一因でもあり、しばしば家庭生活の重荷にもなっていることから、その解消をめざすものでもある。このプログラムは、希望する全中学生を対象として、学校内で宿題をするために、所定の時間に支援付き学習を提供するものであり、2017年度より全中学校で実施されている。実施時間の長さや時間帯、グループの大きさ、参加の呼びかけなどの具体的な実施方法は各中学校に委ねられている。対象生徒への学習支援を担当するのは教員、生徒指導専門員、事務職員、教育助手、NPO（アソシアシオン）であるが、いずれも自発性によるものである（強制はされない）。この「宿題終わった」プログラムの効果としては、授業時間と宿題との相互作用を高めること、知へのアクセスの不平等を減ずること、宿題の目的を明確に示す機会となること、生徒の自律性を育むこと、学校教育・家庭教育・課外活動の継続性と一貫性を促進することなどが期待されている[37]。

36　Ministère de l'éducation nationale, "Plan mercredi: une ambition educative pour tous les enfants", pp.4-6.

37　Ministère de l'éducation nationale, "Tout savoir sur devoirs faits : vademecum à destination des principaux de college", 2017, pp.5-6.

Ⅲ　フランスの教員制度

Ⅲ．フランスの教員制度

1．教員に関する国際調査

　以前に教員に関する国際調査（TALIS調査）で、「もう一度仕事を選べるとしたら、また教員になりたい」という設問に対して、肯定的に答えた教員の割合が最も低かったのは日本であったことが注目された（中学校教員の54.9％）。本書で取り上げているフランスは74.4％で平均的な数字ではあるが、日本よりは随分と高い。

　他にも同調査のいくつかの数字を見てみると、1週間の仕事時間は、中学校で日本56.0時間、フランス37.3時間、小学校でそれぞれ54.4時間、40.8時間と、予想通り日本の方が長い。また、職能開発の日程が自分の仕事のスケジュールと合わないと回答した教員の割合は、中学校で日本87.0％、フランス45.5％、小学校でそれぞれ84.3％、60.6％で、日本の教員の方が多忙であることがうかがわれる。さらに、現任校に関する設問については、概して日本の教員の方がフランスのそれよりネガティブな回答をしており、日々ストレスを感じていることがみてとれる。

　しかしながら、全体として教職に満足していると回答した教員は日本81.8％、フランス84.7％とあまり差はなく、教職は悪いことより良いことの方が多いと回答した教員は日本73.9％、フランス55.3％と、むしろ日本の方が肯定的である（いずれも中学校教員の数値。以下同様）。また、教職は社会的に高く評価されているかという問いに対しては、教員については日本34.4％、フランス6.6％、校長については日本45.4％、フランス15.8％が肯定的な回答をしている。双方とも高い数値ではないが、日本の方が大きく上回っている。給与に満足している教員の割合も日本41.8％、フランス28.7％と日本の方がかなり高くなっている。ただし、校長の給与については、日本28.6％、フランス45.0％と逆転している[1]。

1　ここで示した数値は、国立教育政策研究所編『教育環境の国際比較　OECD国際教

これらの違いの要因を精確に明らかにするには丁寧な分析が必要であるが、日本とフランスで大きく異なっている教員を取り巻く環境や制度が少なからぬ影響を与えているであろうことは想像に難くない。以下、フランスの教員制度について、その主要部分をみていきたい。

2．フランスの教員—資格・勤務時間・業務—

（1）フランスの教員資格

　フランスでは「教員資格」は修士号取得を基本要件とする。次節で述べるように養成期間は学士課程（3年）修了後の2年間である。大学での学位（ここでは学士号）取得者を教員養成対象者とする「積み上げ型」の制度である[2]。主な教員資格および勤務可能な学校種（**第2章の学校系統図参照**）は**表3−1**の通りである。

　初等教育の教員資格は初等教育教員資格（CAPE）のみであり、これを有していれば小学校に加えて幼稚園で教員として勤務できる。フランスでは小学校のみあるいは幼稚園のみの教員資格は無く、この点は日本と大きく異なっている。中等教育の教員資格は複数存在する。中等普通教育教員資格（CAPES）は中学校および普通高校の普通教育課程で教えることができる教員資格であり、専門教科（哲学、地歴、外国語、数学、物理・化学など）に分かれている。中等技術教育教員資格（CAPET）は普通高校の技術教育課程で教えることができる教員資格であり、同様に専門教科（機械工学、土木工学、電気工学、医療科学社会技術、経済・経営など）に分かれている。中等体育教員資格

　　員指導環境調査（TALIS）2018報告書—学び続ける教員と校長—』（ぎょうせい、2019年）、国立教育政策研究所編『教育環境の国際比較　OECD国際教員指導環境調査（TALIS）2018報告書［第2巻］—専門職としての教員と校長—』（明石書店、2020年）より引用した。

2　教職プログラムと学位プログラムの関係に着目すると、教員養成は大きく「積み上げ型」と「並列型」の2パターンに分類される。前者は大学での学位を取得した後に集中的に教員養成を行うものであり、フランスをはじめとする欧州諸国に多く見られる。後者は教員養成機関において教員養成と学位取得が同時並行的に行われるものであり、日本をはじめとするアジア諸国に多く見られる。高野和子「イギリスにおける教員養成の『質保証』システム—戦後改革からの40年—」『明治大学人文科学研究所紀要』第77号（2015年）213頁、岩田康之『「大学における教員養成」の日本的構造—「教育学部」をめぐる布置関係の展開—』（学文社、2022年）12頁。

表3－1．フランスの教員資格と勤務可能な学校種

教員資格	勤務可能な主な学校種
初等教育教員（professeur des écoles）	幼稚園・小学校
中等普通教育教員（professeur de l'enseignement du second degré）	中学校・普通高校普通教育課程
中等技術教育教員（professeur de l'enseignement technique）	普通高校技術教育課程
中等体育教員（professeur d'éducation physique et sportive）	中学校・高校
アグレガシオン教員（professeur d'agrégation）	高校・グランゼコール準備級
職業高校教員（professeur en lycée professionnel）	職業高校
生徒指導専門員（conseiller principal d'éducation）	中学校・高校
心理指導専門員（conseiller d'orientation psychologue）	中学校・高校

出典：上原（2006）121頁をもとに一部修正して作成。

（CAPEPS）は体育教員専用の免許であり、中学校・高校で勤務可能である[3]。アグレガシオンはこれら教員資格の上位に位置づけられるもので、資格取得には難関のアグレガシオン試験に合格しなければならない。「上級中等教育教員資格」と訳されることもあり、高校に加えてグランゼコール準備級などの高等教育段階の教員として勤務することもできる。職業高校教員資格（CAPLP）は職業高校の教員資格であり、中等教育教員の1/6弱を占める[4]。なお、初等教育は全教科担当（学級担任制）、中等教育は各教科担当（教科担任制）である。

　日本との比較でいえば、生徒指導専門員と心理指導専門員は特徴的である。いずれも中学校・高校で勤務できる教員資格であるが、授業は担当せず、専ら生徒指導や進路指導を担う。生徒指導専門員は生徒指導に関する職務（欠席生徒への連絡、給食指導、健康・保健指導、問題行動を起こした生徒への指導、保護者対応など）を担う。心理指導専門員は複数の中学校・高校を訪問する形で生徒や保護者に進路に関する情報提供および指導を行うことを任務とする[5]。このことは、上述の中等普通教育教員等はこれら業務を担当しないことを意味しており、日本の教員が多種多様な業務を求められるのと対照的に、専門分化

3　上原秀一「フランス」文部科学省編『諸外国の教員』（2006年）121頁。

4　フランス教師教育研究会編『フランスの教員と教員養成制度―Ｑ＆Ａ―』（2003年）27 ～ 29頁。

5　上原秀一・京免徹雄・藤井穂高「フランスの学校の役割と教職員」藤原文雄編『世界の学校と教職員の働き方』（学事出版、2018年）40 ～ 41頁。

がなされている。

　これら教員以外に学校に置かれる主な職員としては、後述する校長はもちろんのこと、主として中学校・高校で生徒指導専門員の補佐をする教育補助員（assistant d'éducation）、社会福祉・保健職としての学校医師、学校看護師、ソーシャルワーカー、図書館司書、事務職員等がある[6]。また、幼児教育段階では、幼稚園において幼児の活動や衛生面などにおいて教員を補助する幼稚園専門地方職員（ATSEM：agent territorial spécialisé des écoles maternelles）、保育施設や病院等に置かれる幼児教育指導員（éducateur de jeunes enfants）などがある[7]。

（2）フランスの教員の勤務条件

　前章で述べたように、公立学校の教員の身分は国家公務員である。また、私立学校のほとんどは国との私学助成契約下にあり、その教員は国より採用された「契約教員」で、給与やキャリアは国によって保障されている[8]。

　フランスの教員の勤務時間は日本のそれとは大きく異なっている。政令に基づく法定週間授業時間に従って学校で授業を行うことが義務づけられる形をとっており、授業担当時間および義務的な会議時間等以外は学校において勤務する義務はない。

　勤務時間（授業時間数等）は学校種や教員資格ごとに異なっている。初等教育教員（幼稚園・小学校）については、週24時間の授業担当に加えて、それ以外の年間108時間の業務（個別指導や補完的な教育活動など）が法令で義務づけられている[9]。また、学校の休業期間中は、特別な職務や任務を命じられない

6　上原秀一・京免徹雄・藤井穂高、前掲書、40 ～ 41頁。これらの職の詳細については、上原秀一・藤井穂高「フランスの学校職員」葉養正明研究代表『Co-teachingスタッフや外部人材を生かした学校組織開発と教職員組織の在り方に関する総合的研究（外国研究班）最終報告書』（2013年）参照。

7　小島佳子「フランス」文部科学省『諸外国の教育動向2016年度版』（明石書店、2017年）111頁。

8　私立学校の契約教員の詳細については、上原秀一、前掲書を参照。

9　授業以外の108時間の業務の内訳は、①学校計画において編成される小グループでの補完的教育活動（学習困難を抱える児童に対する支援、個別学習支援、同計画で定められる活動）に36時間、②教育チームで行う業務、保護者（parents）との関係構築、ハンディキャップのある児童に対する個別フォローアップ等に48時間、③研修および教授法の改善に18時間（少なくとも半分は前者に充てる）、④義務的な学校評議会への

限り学校に勤務する必要はない。中等教育教員（中学校・高校）については、法定の授業担当時間は週18時間（ただし体育教員は20時間）である。上級資格のアグレガシオンを有している場合は、それが週15時間と少なくなる。授業時間以外は学校で勤務する義務はなく、会議等に出席した時には特別職務手当が支給される[10]。

　教員資格のところで述べたように、フランスでは教員の業務は授業が中心であり、生徒指導や進路指導は専門の教員が別途置かれている。登下校の指導、給食指導、校内清掃等は教員の仕事ではなく、運動会・文化祭のような学校行事もないので、それらに関連する業務も存在しない[11]。また、フランスでは1979年3月13日付通達により、修学旅行や野外教室・野外活動を除き、「教員は、学校外では児童に対する監督の義務を一切免除される」こととなっており[12]、校外で児童・生徒が引き起こした問題に対応することもない。

　さて、校長については初等教育と中等教育で差が大きい。初等教育の校長は行政上の権限は有しておらず、機能的な職であるとされている。教職員の監督権限をほとんど有さず、むしろ連絡調整の役割に近い。学校の規模にもよるが授業も担当する。そのため、初等教育の学校では校長は教員仲間と見なされる傾向が強いとされる。初等教育の校長になるには、教員経験3年以上を有する志願者が応募し、書類および面接による考査を経て適格者名簿に登載される必要がある。この名簿から大学区視学官が任命する。なお、初等教育の学校に教頭は置かれていない。

　これに対して中等教育の校長は、授業は一切持たず管理的業務、すなわち、所属教職員の監督、資産管理、安全・衛生管理、秩序維持などを行う。勤務評定権も有している。中等教育の校長になるには、原則として職業適性競争試験に合格する必要がある。これは、書類審査と口述・面接試験とによって構成さ

参加に6時間となっている（2008年7月30日付「初等教育教員の職務義務および使命に関する政令」（Décret n° 2008-775 du 30 juillet 2008 relatif aux obligations de service et aux missions des personnels enseignants du premier degré）第2条）。

10　上原秀一・京免徹雄・藤井穂高、前掲書、43～44頁。

11　上原秀一・京免徹雄・藤井穂高、前掲書、40頁。ただし、近年では、教職員もこれまでの分業から協働への転換が求められる傾向にある（同42頁）。

12　藤井穂高「フランスにおける教職員の職務実態と分業システムの現状」教職員勤務負担研究会編『欧米諸国における初等・中等学校教員の職務実態と分業システムに関する国際比較研究―米・英・独・仏を対象として―』（2001年）276頁。

れる。受験資格は５年以上の教育経験を有する30歳以上の者であるが、普通高校の校長になるにはアグレガシオンの資格が必要となる。逆に職業高校や中学校の場合は生徒指導専門員や心理指導専門員にも門戸が開かれている。なお、中等教育の学校には副校長が置かれるのが通常である。

　このように、初等教育の校長は権限が少なく、授業も担当しなければならない。また、学校規模によって異なるが、全体的に手当も少ないにもかかわらず、管理能力が求められるようになってきており、校長希望者は少ない。逆に中等教育の校長は管理職としての権限を有しており、授業を担当することなく校長職に専念できる。また、給与は一般教員の1.5倍程度と高く設定されており、社会的地位や威信も高く、希望者は多いとされる[13]。

３．フランスにおける教員の育成

（1）フランスの教員養成制度

　フランスにおける教員養成は、後掲の教員養成システムの日仏比較の概略図（図３−１）にあるように、一元的に大学の一部局であるINSPE（institut national supérieur du professorat et de l'éducation：国立高等教職教育学院）で行われている。2018年度まではその前身であるESPE（école supérieure du professorat et de l'éducation：高等教員養成学院）、2012年度まではさらにその前身であるIUFM（institut universitaire de formation des maîtres：大学附設教員養成センター）が教員養成を行っていた（近年の教員養成制度改革については次章で詳述する）。これら機関は高等教育の第４・５年次の２年制であり、入学要件は学士号の取得（見込み）である。教職志望者は、大学１〜３年次は所属学科で各自の専攻領域（文学、経済学、理学など）について学んで学士号を取得し、試験（書類審査、筆記試験、口頭試問）を経てINSPEに入学することになる。

　教員養成のカリキュラムは、以前はMENが決めた全国基準（cahier des charges de la formation des maîtres）に従って、地域事情などを考慮しつつ各教員養成機関で作成されていた。全国基準では「教科」「教職科目」「教授法」「研究」の４つの大枠が決められ、詳細は各校で決定されていたが、INSPEの設立の際に統一化の方向で改革がなされている（次章で詳述）。第１学年（以下、

13　フランス教師教育研究会編、前掲書、84 〜 87頁。

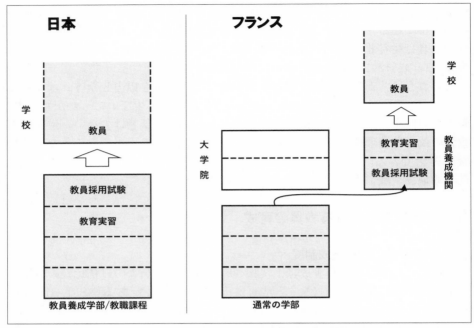

図３－１　日仏の教員養成制度の概念図

M1）はいわゆる座学を中心に教員採用試験の合格をめざした学習が行われる。教科専門に関する基礎知識に加えて、教授法や学級経営などの習得、課題を設定しての研究指導が行われる。これに加えて、前期・後期に各２週間ずつ観察実習（stage d'observation）（観察のみ）や指導付実習（stage de pratique accompagnée）（少人数グループの指導等）も行われる。M1の学生は、４月から実施される教員採用試験を受験する。フランスの教員採用試験は、日本のシステムとは異なり、教育実習（責任実習：stage en responsabilité）よりも先に行われる。

　教員採用試験合格者は第２学年（以下、M2）においてインターンシップ型の養成を受ける。M2の教育は、学校現場での責任実習に加えて、座学と卒業研究（mémoire）で構成される。M2の学生は、実習生公務員（fonctionnaire stagiaire）として給与を得て責任実習を行う（実際に授業や学級経営を担当）。責任実習は、初等教育の場合は週2.5日、中等教育の場合は週４時間担当を基

48

本とする。責任実習には、一般に勤務時間と同じだけの事前事後の時間を要する活動（授業準備など）が伴う。M2で課せられる卒業研究は、学生の専攻を基礎として教職に関係するテーマについて研究するもので、M1から当該専攻の教員の指導を受けながら作成される。公開論文審査が行われ、特別なECTS[14]が付与される。これらすべて合格となれば教員として正式に採用される。修了時には「教育職修士（MEEF：masters métiers de l'enseignement, de l'éducation et de la formation）」[15]が授与される。なお、この教員養成制度については、本書執筆時点で改革が進行中であり、それと連動する後掲の教員採用試験の変更と合わせて、第5章にてその動向を紹介する。

（2）フランスの教員採用試験

　教員採用試験は、初等教育については大学区ごとに、中等教育については教科別に全国規模で行われる。ここでは、小学校教員試験（2021年度まで）についてその具体的な実施方法を紹介する[16]。2022年度以降（予定）については第5章で取り扱う。

　まず概略を述べると、定められた期間（9月中旬〜10月下旬）に受験登録を行わなければならない。登録後の変更は認められない。教員採用試験は受験資格試験（épreuves d'admissibilite）と採用試験（épreuves d'admission）の2つに分かれている。試験全体で、教育活動および教育環境について、志願者の教科・学術・教職に関する能力を評価することを目的としている。

　受験資格試験は4月下旬に実施され、初日は国語（フランス語）筆記試験、2日目は数学筆記試験が行われる（各4時間）。これら試験は小学校学習指導要領（programmes pour l'école primaire）を枠組として出題される。すなわち、

14　ECTS（European Credit Transfer and Accumulation System：欧州単位互換制度）は、欧州各国の高等教育機関で導入が進められている単位互換のための制度である。ECTSはその単位を表すのにも用いられており、1ECTSは25〜30時間の学修量に相当する。共通の単位に学修量を変換することにより、国境を越えて行われた学修を学位取得に必要な単位の一部として認定することが容易になる。

15　小島は「教職・教育・養成に関する修士」と訳出している。小島佳子、「フランス」文部科学省編『諸外国の教育動向2013年版』（明石書店、2014年）、118頁。

16　中等教育教員の採用試験については、大津尚志・松原勝敏「フランス保守政権下の教員養成制度と教員にもとめられる能力」フランス教育学会編『現代フランスの教育改革』（明石書店、2018年）参照。

志願者には学習指導要領にもとづく教育に必要な知識が求められる。ここでは中学校学習指導要領の習熟に必要な水準が要求される。問題のいくつかは小学校の学習指導要領とその背景に関するものであり、小学校の教育課程（cycles）、知識・コンピテンシー・教養の共通基礎の構成要素、幼稚園および小学校の背景についての深い知識を必要とする。国語試験では、国語の習得度（統語論的・形態論的・語彙的正確性、言語水準、表現の明晰性）、言語に対する知識、文章の理解・分析能力（問題抽出、議論の構築・展開）、フランスの教育実践における教授法の意義と限界を判定できる能力が評価される。数学試験では、小学校での算数教育に必要な教科の知識の習得、様々な基礎知識に対して距離をおいて見る能力を評価することを目的としており、各問題の処理において論理的に進め、明快かつ厳格な方法でそれを導き、説明することが求められる。国語・数学とも40点満点で、それぞれ10点未満は不合格となる。

表３－２　受験資格試験（初等教育教員）の概要

試験科目	試験内容	配点	試験時間
国語 （フランス語）	文学作品・資料的文書に関する問題	11	4時間
	言語の知識（文法、正書法、語彙等）に関する問題	11	
	知識の活用能力に関する問題（教材・提出物の分析）	13	
	言葉の正確さと質の評価	5	
数学	学習指導要領・共通基礎に関する問題	13	4時間
	知識・能力を確認する問題（間違いの分析）	13	
	知識の活用能力に関する問題（教材・提出物の分析）	14	

　この受験資格試験に合格すると次に採用試験に進む。小学校教員の場合、口述試験（１）・（２）で構成される。前者は志願者が選択した教科における実践（知識と教授法）に関するものであり、受験者によるプレゼンテーション20分と質疑応答40分の計60分である。後者は書面に基づく面接（保健体育と教育制度）であり、準備時間３時間と質疑応答計75分の総試験時間４時間15分となっている。これら双方とも審査委員による面接があり、明快かつ厳格に説明する能力、各教科の教育を特徴付ける学術的・専門的・認知的・文化的・社会的問題、それらの関係性を考察する能力が評価される[17]。

17　http://www.education.gouv.fr/cid73415/epreuves-concours-externe-recrutement-professeurs-des-ecoles.html（最終確認日：2015年３月31日）

　口述試験（1）では、志願者は科学技術、歴史、地理、芸術史、視覚芸術、音楽、道徳・公民教育の中から1教科を選択し、予め文書を作成して審査委員に提出する。その文書と面接とにより教科に関する知識や教授法、教育の発展性・深化、子どもの発達理論の理解等についても評価がなされる。口述試験（2）では、保健体育や芸術活動に関する課題、教職の場面に関する課題が提示され、その場で報告用の文書を準備する。とりわけ後者の課題においては、教育制度や学校に関する知識（組織、価値、目的、歴史、現代的課題等）だけではなく、公務員としての資質能力（倫理、責任感、職業的誓約）、初等教育教員としての資質能力（児童の知識とニーズの考慮、学級・教育チーム・学校制度・社会などの多様な文脈における省察能力等）も評価される[18]。

表3-3　採用試験（初等教育教員）の概要

試験科目	試験内容	配点	試験時間
口述試験（1）教科実践	プレゼンテーション（※予め準備）・選択した教科の学術的基礎の総括と教育手順	20	20分
	審査委員による面接	40	40分
口述試験（2）書面に基づく面接	準備	－	3時間
	報告：保健体育等の学習・進め方	40	10分
	審査委員による面接		20分
	報告：教職の場面における問題の分析	20	15分
	審査委員による面接	40	30分

（3）教員に求められる資質能力

　日本と同様に、フランスにおいても教員に求められる資質能力の指標化が行われている。前章において、2005年の学校基本計画法（いわゆるフィヨン法）に基づく政令により、義務教育における共通基礎が定められたこと、2013年にはそれを見直す形で新たな共通基礎（知識・コンピテンシー・教養の共通基礎）が定められたことを述べた。これとシンクロする形で、教員の資質能力のスタンダードが定められている。

18　教員採用試験の実施に関する詳細については、拙稿「1990年代以降のフランスにおける教員養成制度改革」京都大学教育行政学研究室『教育行財政論叢』第13号（2016年）参照。

フィヨン法に基づく2006年12月19日付省令（arrêté）により、教育の専門職スタンダードとして「教員に求められる職業的な資質・能力（Compétences professionnelles des maîtres）」10項目が制定され、それぞれについて教員が有すべき「知識（connaissances）」「能力（capacités）」「態度（attitudes）」を定めている。2010年にサルコジ政権下で改訂された後、2013年の教育基本法（いわゆるペイヨン法）に基づく2013年7月1日付省令により、現行の「教職員の職業的な資質・能力の基準（Référentiel des compétences professionnelles des maîtres du professorat et de l'éducation）」（以下、資質・能力基準）が制定されている。教員養成機関（現行ではINSPE）における教育課程は、この基準に基づいて編成されることになっている[19]。

資質・能力基準では、司書教員や生徒指導専門員も含む全教職員に共通に求められる資質能力として、**表3−4**にある14項目が示されている。また、幼稚園から高校までの全学校段階の教員（professeur：日本の「教諭」に相当）に

表3−4　全ての教職員に共通に求められる資質・能力

教育に関する公役務の担い手としての教職員	1．共和国の価値を共有させる。
	2．自らの行動を教育制度の基本原則と学校法規に適合させる。
全ての児童生徒の成功に貢献する者としての教職員	3．児童生徒と学習過程を理解する。
	4．児童生徒の多様性に配慮する。
	5．児童生徒の教育コースに寄り添う。
	6．責任ある教育者として倫理にかなった行動をする。
	7．コミュニケーションのためのフランス語を習得する。
	8．職務に必要な状況で外国語を使う。
	9．職務遂行に必要な情報処理の素養を身に付ける。
教育共同体の一員としての教職員	10．チームの中で協力する。
	11．教育共同体の行動に貢献する。
	12．児童生徒の保護者と協力する。
	13．学校のパートナーと協力する。
	14．職業的な資質・能力の開発のための個別的・集団的な取組に参加する。

出典：上原（2017）27頁をもとに作成。

19　上原秀一「フランス」大杉昭英研究代表『諸外国における教員の資質・能力スタンダード』（2017年）25〜26頁、大津尚志・松原勝敏、前掲書、226〜228頁。

表3－5　全学校段階の教員に共通に求められる資質・能力

知識と共通教養を備えた専門職としての教員	1．教科の知識とその教授法を習得する。
	2．学習指導に必要なフランス語を習得する。
教授・学習の専門的実践者としての教員	3．児童生徒の多様性に配慮して教育学習環境を構成・実施・活性化する。
	4．児童生徒の集団を学習活動と社会性育成に役立つものにする。
	5．児童生徒の進歩と習得を評価する。

出典：上原（2017）28頁をもとに作成。

共通に求められる資質能力についても、**表3－5**のように定められている。

（4）教員養成の上流と下流

　フランスの教員養成の課題の1つは、2年制の教員養成機関（INSPE）への入学前の学士課程（3年間）の扱いの問題である。先述の通り、学士課程においては、教職志望者は各自の関心に従って自由に学習し、それぞれの領域における専門能力を高めることになっており、入学前の必修科目の設定等はない。また、分野によるINSPEへの入学制限もない。すなわち、教職や教育学について大学で全く学ぶことなくINSPEに入学することも可能である。ただし、段階的力量形成（professionnalisation progressive：教職に必要な資質能力を段階的に獲得していくこと）の必要性が指摘されており、各大学の学士課程で教員志望者向けの教職教育科目群（UEPP：unité d'enseignement de préprofessionnalisation）[20]が設けられており、履修が推奨されている。また、第6章で詳しく見ていくが、2013年には教員志願生（EAP：emploi d'avenir professeur）制度が創設された。これは、教職への就職を支援する措置であり、教員になるためのコースの提供という側面と教職志望者に対する財政的支援という側面とを併せ持つ。経済的に困難な家庭出身の学生を教育職へと方向付けることを意図しており、対象は学士課程第2学年（以下、L2）からM1までの経済的に恵まれない教職希望の学生であり、学校に勤務して個別支援や、教育補助業務を担う。

　教員として正式に任用された後は、初任者研修が設定されており、2年間にわたって随伴指導（accompagnement）と研修（formation）が行われること

20　具体的な名称は大学により若干異なる。

になっている。この期間中に、新任教員に対して、視学団（corps d'inspection）、教育指導主事（conseillers pédagogiques）、養成指導教員（maîtres formateurs）、随伴指導教員（enseignants accompagnateurs）により、必要な支援が行われる[21]。これは教員の大量退職・大量採用期をむかえた2000年代前半に導入されたもので、フランスでは比較的新しい制度である。初任者には1年目に3週間以上の、2年目には2週間以上の研修が保障される。その内容は、教科専門の知識の教育現場での適用、授業の運営、授業実践の分析、集団学習・教科横断的教育、教職倫理などとなっている[22]。

　教員の研修については第7章で詳述するが、①大学区の「大学区研修計画」（Plan académique de formation、以下、PAF）に基づく研修、②MENの「全国研修計画」に基づく研修、③各種団体によって夏季大学として行われる研修の3種類に大別される。このうち中核をなしているのは、PAFに基づく研修であり、教育方法、教科、学習困難児童、教科横断的活動、教育機器の利用などの内容が提供されている。この大学区研修計画に基づく研修は、以前は大学区教育職員研修局（Mission académique de formation des personnels de l'éducation nationale、以下、MAFPEN）が担当していたが、IUFM設立後は教員養成機関によって行われることとなった[23]。

　さて、教育行政学や教育経営学の領域では、異動は最大の研修であると一般にとらえられ、教員の資質能力の向上の機会とされる[24]。というのも、状況の異なる複数の学校を経験することにより、教員の資質能力が向上すると考えられるからである。日本では教員の人事異動にはこのような観点も考慮されており、都道府県等によってルールや慣例は異なるものの教育委員会によって定期的に行われている。しかしながら、フランスの場合は随分と様子が異なり、定期異動はなく、初任校で定年を迎える場合もある。異動はポイント制で、教員自身から希望が出された場合に考慮される。勤務成績、勤務年数、家族状況などのポイントが加算され、高い者ほど人事において優先されるシステムとなっ

21　2001年7月27日付通達（Circulaire n° 2001-150 du 27 juillet 2001）。

22　フランス教師教育研究会編、前掲書、63頁。

23　フランス教師教育研究会編、前掲書、61〜64頁。

24　高妻紳二郎「教員の資質能力の向上に資する人事行政の課題―『養成＝採用＝研修の一体化』をめぐる議論の再検討―」『日本教育行政学会年報』No. 38（2012年）13〜15頁。

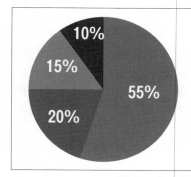

図３－２ 初等教育教員の養成時間

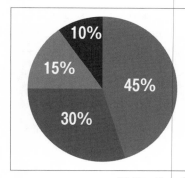

図３－３ 中等教育教員の養成時間

ている[25]。

（5）INSPEにおける教員養成

先述の通り、2019年度に教員養成改革が行われ、ESPEを改組して現行の INSPEが設立された。改革の目的の１つは「教員養成を刷新し、（職務の最初 の３年間の）初任研および研修を変革してそれと一体化し、教員の育成方法を 均質化すること」とされている。それは、大学における教員養成、修士化（次 章参照）、実習学年（M2）における大学での学習と学校現場での責任実習との

---

25 園山大祐「フランスの教師教育」日本教師教育学会編『教師教育ハンドブック』（学 文社、2017年）144頁。

交互教育という３点は維持しつつ、「養成の目標と基軸、訓練される能力（compétences）、MEEF修士課程の修了時に期待される習得水準の明確化」とINPSE「各校の年教育時間の800時間への統一と主要な教育の時間配分のパーセンテージ表記」を行うこととなった。２つ目の目的は「教員養成における理論と責任を伴う実践とのつながりの強化」である。これは、養成時間の少なくとも1/3は実践家またはINSPEと実習校を兼務する教員によって担当されることを意味している[26]。

　目的の中で触れられている教員の養成や研修等の改善や理論と実践の連携強化は、ESPE設立時にも言われていたことであり、必ずしも目新しいものとは言い難い。むしろESPE時代に各校で異なっていたカリキュラムを、養成時間の10％の裁量は認めるとはいえ、「均質化」する方向に進めた点に特徴があるといえる。これにより、指標を設定してINSPE各校間の比較も可能になる。かくしてINSPEにおける教員養成においては、実習を除いて少なくとも800時間相当の学習が求められるようになった。その内訳を図示すると、**図３−２、図３−３**ようになる[27]。図中の「基礎知識の教育」には読み方、書き方、計算、他者の尊重、共和国の価値の伝達が含まれる。

26　Ministère de l'éducation nationale, de la jeunesse et des sports, "Devenir enseignant: une meilleure formation initiale et des parcours plus attractifs pour entrer dans le métier". https://www.education.gouv.fr/devenir-enseignant-une-meilleure-formation-initiale-et-des-parcours-plus-attractifs-pour-entrer-dans-3170（最終確認日：2021年８月14日）

27　同上。

IV フランスの
教員養成制度改革

Ⅳ. フランスの教員養成制度改革

1. 教員養成制度をめぐる状況

　教員養成の在り方は、恒常的な教育問題の１つと言っても良いだろう。日本においてもこれまで様々な議論がなされてきたが、特に近年においては社会の変化の加速化もあり、様々な制度改革がなされてきた。2015年には、教職生活全体を通じた職能成長を実現する環境づくりや、教員を高度な専門職として位置づけることなど提言した中教審「これからの学校教育を担う教員の資質能力の向上について～学び合い、高め合う教員育成コミュニティの構築に向けて～（答申）」が出され、改革が進められている。2012年末の政権交代後はトーンダウンした感があるが、いわゆる教員養成の修士化が答申されたこともある[1]。第１章で述べたように、近年の答申類では教員養成の高度化と実践的指導力の涵養とが重要な論点になっている。

　制度やその背景は全く同じではないが、フランスもこれらの点に大きな課題を抱えている。同国では、90年代のIUFM創設による教員養成の一元化という大改革を行った。近年では、2010年に教員養成のいわゆる「修士化（mastérisation）」改革が行われ、IUFMを大学に統合して修士課程で教員養成を行うことになった。この改革により、教員の採用要件が学士号から修士号になった。そのわずか３年後の2013年には、IUFMを改組してESPEを創設し、再度教員養成制度が大きく変わることになった。これらの改革では、教員の「格上げ」と「研究力と実践力とのバランス」が主要課題となっていた。これらは、近年のわが国の教員養成改革論議における高度化と実践的指導力の涵養に相応する面も多い。

　フランスの教員養成制度に関しては、IUFM創設期にはフランス教師教育研

1　中央教育審議会「教職生活の全体を通じた教員の資質能力の総合的な向上方策について（答申）」（2012年）。

究会などによって、広範かつ詳細な研究が行われた[2]。しかしながら、その後は研修、法改正、国際比較に関する研究がいくつか見られる他は、基本的な制度や改革の概要の紹介が中心である[3]。本章ではこのような状況から一歩踏み込んで、日本での教員養成制度改革の議論も意識しつつ、主としてIUFM創設からESPE創設までの教員養成制度の改革の流れを整理し、その内容を分析することにより、現代フランスの教員養成制度の目的・意義・成果・課題などを明らかにしたい。そのため、第1に、先行研究を参照しながら、現行制度の基礎となったIUFM創設による教員養成制度改革の目的と意義、2010年の「修士化」改革の背景とその仕組みを確認する。第2に、2013年のESPE創設の目的・意義、教員養成制度について整理し、現地調査も踏まえながらその課題を明らかにする。なお、前章で述べたように、マクロン政権下においても再び教員養成制度改革が行われ、現在教員養成はINSPEで行われている。本章では、ESPEまでを分析対象とし、INSPE創設後の本書執筆時点で進行中の改革の動向は次章で紹介する[4]。

2　小林順子編『21世紀を展望するフランス教育改革』（東信堂、1997年）、フランス教師教育研究会『フランスの教員と教員養成制度―Ｑ＆Ａ―』（2003年）、古沢常雄研究代表『フランスの教員と教員養成に関する研究』（2004年）。

3　文部科学省（上原秀一）『フランスの教育基本法―「2005年学校基本計画法」と「教育法典」―』（2007年）、園山大祐「フランス」吉岡真左樹研究代表『教師教育の質的向上策とその評価に関する国際比較研究』（2007年）、拙稿「フランスにおける教員の現職教育―クレテイユ大学区の中等教育教員研修を中心に―」『大阪教育大学紀要（第Ⅳ部門）』第56巻第2号（2008年）。フランス教育学会編『フランス教育の伝統と革新』（大学教育出版、2009年）、園山大祐「フランスの教師教育」日本教師教育学会編『教師教育ハンドブック』（学文社、2017年）、上原秀一「フランス」大杉昭英研究代表『諸外国における教員の資質・能力スタンダード』（2017年）、フランス教育学会編『現代フランスの教育改革』（明石書店、2018年）、上原秀一・京免徹雄・藤井穂高「フランスの学校の役割と教職員」藤原文雄編『世界の学校と教職員の働き方』（学事出版、2018年）。

4　INSPEへの改組に関係する教育法典の主な改正は、管理運営に関する部分を除けば、学士課程段階における教員養成に関する規程、教育補助員の業務に関する規程、養成内容への「悪意のあるコンテンツの拡散に対する闘い」の追加である。このうち最初の2つは第6章で取り扱う教員養成の前段階の内容である。本章で事例としているESPEクレテイユ校のカリキュラム（2014-15年度）とINSPE改組後のそれ（2020-21年度）とを比べると、時間数（とりわけ基礎知識に関するもの）に変化が見られるが、取り扱われる内容自体は大きくは変わっていない（ÉSPÉ de l'académie de Créteil, *MASTER PREMIÈRE ANNÉE, «Métiers de l'Enseignement, de l'Éducation et de la Formation (MEEF) - Premier degré», Année universitaire 2013 - 2014*, 2013, ÉSPÉ de

2．ESPE創設までのフランスの教員養成制度

（1）IUFM創設までのフランスの教員養成制度―複線的教員養成制度―

　1990年にIUFMが創設され、統一的な教員養成が行われるまでは、フランスの教員養成は様々な機関で行われてきた。もちろん、それ以前も教員養成制度は何度か変更されているが、小学校（初等教育）教員は大学での２年間の学習（大学教育一般免状（diplôme d'études universitaires générales）取得）を基礎要件として師範学校で養成がなされていたのに対して、中等教育教員は大学での３～４年の学習を基本として、職種ごとに各種養成機関で養成がなされていた[5]。すなわち、中学校普通教育教員（PEGC：professeur d'enseignement général collège、1987年以降採用廃止）はPEGC養成センター、上級資格であるセルティフィエ教員は地方教員養成センター、技術教育教員は技術教育教員養成センター、職業高校教員は国立職業師範学校で、それぞれ養成されていた[6]。

　このようないわば複線型の教員養成制度は、階級的複線型学校制度に対応するものであり、教員資格間での給与や担当時間数等の労働条件の格差へとつながっていた[7]。また、IUFM創設以前は小学校教員は"instituteur"（教諭）、中等

---

l'académie de Créteil, *MASTER DEUXIÈME ANNÉE, «Métiers de l'Enseignement, de l'Éducation et de la Formation (MEEF) - Premier degré», Année universitaire 2013 - 2014*, 2013, Inspé de l'académie de Créteil, MASTER PREMIÈRE ANNÉE, «Métiers de l'Enseignement, de l'Éducation et de la Formation du Premier degré» (MEEF 1), Année universitaire 2020 - 2021, 2020, Inspé de l'académie de Créteil, MASTER DEUXIEME ANNÉE, «Métiers de l'Enseignement, de l'Éducation et de la Formation du Premier degré» (MEEF 1), Année universitaire 2020 - 2021, 2020.）。そのため、教員養成の状況や課題の概略を検討するためにESPE時代のそれを分析することには意義があると考える。

5　フランスの大学は、2005年度より欧州高等教育圏構想の一環としてLMD制（学士課程３年、修士課程２年、博士課程３年）を採用しているが、それ以前は１・２年次を第１期課程、３・４年次を第２期課程、第５年次以降を第３期課程とする仕組みになっていた。拙稿『フランスCNEによる大学評価の研究』（大阪大学出版会、2012年）20～23頁参照。

6　小野田正利「大学付設教師教育部による初等・中等教育教員養成制度統一の意義と課題」小林順子編、前掲書。フランス教師教育研究会編、前掲書。

7　フランス教育学会編、前掲書、174頁。

教育教員は"professeur"（教授）と呼ばれていたことに象徴されるように、両者の間には威信の差も存在していた。

（2）IUFM創設による教員養成制度改革—力量形成（professionnalisation）の促進—

　このような初等教育教員と中等教育教員の格差を、前者の格上げによって是正することに加えて、2000年代前半に予想されていた教員の大量退職期に備えた計画的養成の必要性、教育荒廃や多様な子どもに対応するための教員の資質向上を図る必要性から、あらゆる教員カテゴリーを一括して養成する機関としてIUFMが設置されることになった。IUFMはそれ以前の各種教員養成機関（師範学校、地方教員養成センター、技術教育教員養成センター、国立職業師範学校等）を統合する形で各大学区に１校ずつ設置され、「初等教育教員と中等教育教員との間に共通の教員文化を作ることを試みると同時に、両者の格差解消を図ること」[8]をめざしたとされている。そして、IUFM修了の初等教育教員は呼称が中等教育教員と同じ"professeur"となった。しかし、その一方で多様な機関を寄せ集めて作ったことが初期の混乱を招いたという指摘もある[9]。

　IUFMにはバカロレア資格取得後大学での３年間の学習を経て入学することになる。そこから２年間の養成期間が設定されており、学年で言えば修士課程と同じであるが、IUFMを修了しても2010年までは修士号は取得できなかった[10]。IUFMの第１学年（M1）では、いわゆる座学により教員採用試験に向けての教育が行われる。教科教育は附属する大学が、教職教育と教員採用試験準備教育とはIUFM本体が担当する[11]。M1の修了時に教員採用試験が行われ、これに合格すれば教員資格を授与される。第２学年（M2）は座学（教科教育と教職教育）、試補教員としての実習、卒業研究で編制され、修了時に資格審査に合格すれば正式任官となる。日本の教員養成制度と大きく異なるのは、先に教員採用試験を経てから教育実習を行うことである。実習期間も長く、公務員としての身分を有し、給与も支払われる。

8　フランス教師教育研究会編、前掲書、26頁。

9　Pascal Guibert et Vincent Troger, *Peut-on encore former des enseignants?*, Armand Colin, Paris, 2012, pp.17-19.

10　現行のフランスの大学では学士課程教育は３年間、修士課程は２年間である（第２章参照）。

11　園山大祐、前掲書（2007年）。

（3）IUFM批判とその改革─教員養成の「修士化」─

　2007年にフランス共和国大統領に就任したサルコジは、教育における最優先課題として教員の価値向上を掲げた。そして教職の改善をめざして同年9月に「教職再検討委員会」が設置され、教職への入口（養成と採用も含む）がそこでの検討事項の1つとなった。同委員会は2008年に国民教育大臣ダルコスに報告書を提出し、翌2009年には「教員採用・養成に関する改革案」が公表された[12]。2010年度からの教員養成制度は「教員職の価値を高めるために、教員養成を刷新して、大学において修士レベルで実施し、より高い資格レベルに相当する初任給とする」こととされた。IUFMが大学に統合され、教員採用試験の準備教育を行う新しい修士課程を設置して、大学の責任の下で教員養成を行う。これに伴って新しい教員採用試験が実施される。「教員養成は、教員採用試験に合格する前に、職務の具体的な初歩的知識を学生に提供する職業教育的性格も有する」とされた[13]。

　このような政策動向の中、高等教育の標準化と学生・教員の交流促進をめざす「ボローニャ宣言」（1999年）の影響を受けながら、2010年度より教員の学位要件が学士号（licence）から修士号（master）となり、教職目的の修士課程が設置されることとなった[14]。新しい制度は2009年12月23日付「教職をめざす学生を対象とする修士課程の設置に関する通達」（Circulaire n° 2009-1037 du 23 décembre 2009 relative à la mise en place des diplômes nationaux de master ouverts aux étudiants se destinant aux métiers de l'enseignement）で規定された[15]。同通達によれば、当該修士課程の設置の目的は、「児童生徒をより成功に導くこと、および、EU内での移動性を容易にすることをめざして、

12　小島佳子「フランス」文部科学省編『諸外国の教育動向 2007年度版』（明石書店、2008年）135頁、小島佳子「フランス」文部科学省編『諸外国の教育動向 2008年度版』（明石書店、2009年）158〜159頁。

13　小島佳子、前掲書（2009年）158〜159頁、Xavier Darcos, "La nouvelle formation des maîtres", Communiqué de presse, 15/01/2009（http://www.education.gouv.fr/pid146-cid23462/la-nouvelle-formation-des-maitres.html）（最終確認日：2015年3月31日）.

14　大津尚志・松原勝敏「フランス保守政権下の教員養成制度と教員にもとめられる能力」フランス教育学会編『現代フランスの教育改革』（明石書店、2018年）228頁。

15　小島佳子「フランス」文部科学省編『諸外国の教育動向 2009年度版』（明石書店、2010年）132頁、小島佳子「フランス」文部科学省編『諸外国の教育動向 2010年度版』（明石書店、2011年）141頁。

教員資格を向上させること」である。学位要件に関しては「これからは教員養成は3年間で展開される。それは、修士課程での2年間と現職の1年目から構成され、段階的力量形成が続けられる。すべての修士号が教員採用試験の受験資格となるので、高等教育機関は、学術的・教育学的潜在能力を基礎とする就職へと開かれた養成課程を構築するものとする」とされ、従前の制度より教員採用試験が1年後ろで実施されることとなった。これと連動して正式採用は初任1年目修了後となり、これもここまでの期間が従前より1年長くなることになる。

　また、これら以外に新制度の主な特徴としては、第1に進路変更を容易にすることが意図されている点である。新たに学生に提供される教員養成は「博士課程への準備に開かれていること、および、多様な職にアクセスできるレベルで資格付与と力量形成とを行う課程を学生に提供すること」への対応が求められた。「高等教育機関は、教員採用試験に不合格であった場合に、学生が多様な進路を取ることができるような教育を提供することに留意する」とされた。第2に研究体制の充実である。修士号の取得のためには「定評のある研究チームに支えられること、学術的アプローチ、方法論、伝達方法を習得すること」が必要であるとされ、「各学生に研究指導を行う」こと、「個人または集団での研究作業を実施する」こととされた。その目的は「教職のキャリアを通して、分析して実践を進化させる手段を与えるため」である[16]。

　しかし、この「修士化」は各方面から批判されることになる。フランスでは教員志望者が減少し、2005年には136,000人であった初等中等教育の教員採用試験の志願者数が、2012年には69,000人になった。この要因としては、従来、世間の教職イメージの悪化と教員ポストの削減による就職期待値の減少とが指摘されていたが、これに加えて教員養成の「修士化」が拍車をかけたとされる。具体的には改革により、有給インターンシップ養成学年（改革前のM2）が廃止され、5〜6週間の実践経験だけで教壇に立つのを強いられること、正式採用になるまでの期間が1年間延長されたことである。このような養成条件の悪化は学校現場、教員組合、新任教員からも批判されるとともに[17]、メディアに

16　教員採用試験から模擬授業が無くなるなど、修士号要求によりフランスの教員養成はいっそう教科に関する科目重視の方向に進んだことも指摘されている。大津尚志・松原勝敏、前掲書、234頁。

17　園山大祐、前掲書（2017年）、143頁。

よって大々的に報道され、教職志望学生の意欲を削ぐことになったという指摘もなされている[18]。「修士化」実施１年後に行われた追跡調査の報告書でも、「現行制度は制約の積み重ねによって、学生たちを成功状態ではなく、失敗状態に置くものである」と述べられている[19]。

３．ESPEの創設による教員養成制度改革―「修士化」の維持と「力量形成」の再興―

（１）2013年改革の概要

　上記のように、2010年に改革が行われた「修士化」を目玉とする教員養成制度は、実践力の涵養の面で大きな問題を生じることとなった。この他にもIUFMの研修への関与の弱さ、大学との連携・協力の不十分さなどの問題も指摘されており、再び教員養成制度改革がなされることになった。具体的にはIUFMを廃止して新たにESPEを創設するというものである。MENの説明によれば、ESPE創設の目的等は以下の通りである[20]。

　　（ESPEにおける）養成は理論と実践、すなわち観察または指導付実践の実習やインターンシップ期間を組み合わせたものである。その目的は、教職に段階的に入っていくのを支援することである。ESPEは、入れ替わることになる教員の養成を提供するのであり、どの地域であれ、社会的・文化的出自がどのようなものであれ、すべての者の成功を切り開き、奨励する。ESPEの創設は、同じ大学区内の、同じ地区で、科学的・教育学的知見を結集しようという意向に応えるものである。

　ESPEの特徴は、第１に実践力の涵養の不十分さの解消をめざしている点である。教職に向けての段階的力量形成をはかるため、理論と実践を組み合わせた教育課程を編成するとされている。第２に、教育職全体の養成を行うことで

18　Pascal Guibert et Vincent Troger, *op.cit.*, pp. 7 -10.

19　Jean-Michel Jolion, *Mastérisation de la formation initiale des enseignants : enjeux et bilan*, 2011, p.17.

20　フランス国民教育省ウェブページ。
http://www.enseignementsup-recherche.gouv.fr/pid29063/questions-reponses-formations-enseigne-formation.html （最終確認日：2014年４月24日）

ある。幼稚園から大学までの教員のみならず、社会教育の指導者等も含む「教育職全体を養成する」と同時に[21]、IUFM時代に不十分とされた教員の研修も提供し、それを強化するとされている。第3に大学へのいっそうの統合を図ることである。大学人と学校教育実践者で構成される教育チームを編成して教員養成を行うこととされている[22]。

ESPEはIUFM同様に高等教育第4・5年次の2年制の機関であり、以下のような養成体制が取られた。すなわち、M1では座学を中心に観察実習・指導付実習を行い、修了時に教員採用試験が行われ合格者はM2において実習生公務員（fonctionnaire stagiaire）の地位でインターンシップ型の養成を受ける。M2の教育は、学校現場での責任実習に加えて座学と卒業研究で構成される。M2修了時の審査を経て正式採用となる。このように正式採用までの年限や責任実習は「修士化」改革以前に戻された。

一方で、正式採用の基礎資格として修士号取得は維持されるとともに、「修士化」改革で強化された教員の研究力の育成という要素は残された。研究に充てられる時間は「修士化」改革期よりは減少したが、それ以前よりは増えた形になっている。先行研究や文科省資料、現地調査からM2の責任実習時間とM1の研究入門の時間に着目してみると、責任実習時間については、「修士化」以前のIUFMでは260～330時間（機関ごとに設定）であるが、「修士化」改革後は約80時間、ESPE設立後は270時間であった。研究入門の時間については、「修士化」以前には設定がなく、「修士化」後には96時間、ESPEでは60時間である[23]。大まかにいえば「実践重視→研究重視→実践と研究のバランス」と変化してきたと見ることができる。

以下、フランスの教員養成について、筆者が現地で行った調査[24]の対象校を

21　ESPEには4専攻「①初等教育教員、②中等教育教員、③教育スタッフ、④教育実務・エンジニアリング」が置かれる。なお、後述の現地調査の対象校ではMENの説明にある高等教育教員の養成については実施していなかった。

22　小島佳子「フランス」文部科学省編『諸外国の教育動向 2013年度版』（明石書店、2014年）118頁。

23　「修士化」前についてはフランス教師教育研究会編、前掲書、41～42頁、「修士化」後は文部科学省編『諸外国の教育動向 2010年度版』（明石書店、2014年）294頁より。ESPEについては現地調査対象校（ESPEクレテイユ校）の数字である。

24　現地調査は2014年11月にパリ郊外にあるESPEクレテイユ校にて実施し、ESPEへの改組、教員養成カリキュラム、ESPEと大学との関係などについて聞き取り調査を行っ

事例として詳細に見ていくとともに、その課題を明らかにしていきたい。

（2）教員養成のカリキュラム：座学・実習・研究

　上述のように、M1は、観察実習と指導付実習も行われるが、座学中心のカリキュラムである。調査対象校があるパリ郊外の地域は、移民や低所得者層なども多く、いわゆる困難校を多く抱える地区である。そのため、座学において教科専門に関する知識だけでなく、教授法、心理学、子ども理解、社会・文化的背景などの教育にも重点が置かれている。M1の修了時に教員採用試験が実施され[25]、これに合格するとM2に実習生公務員として給与を得て責任実習（実際に授業や学級経営を担当）を行うことになる。かくして段階的力量形成がめざされている。

　初等教育の場合、責任実習は週2.5日である。残りの時間はESPEでの座学と卒業研究に充てられる。責任実習には、加えて概ね同じだけの事前事後の時間を要する活動（授業準備など）が伴うとされる。また、卒業研究は「専攻（option）を背景とするのもので、教職の目的に関係するものである。それは、M1の研究ノートを継続して作成され、専攻の教員１名によって指導される。公開論文審査が行われ、特別なECTSが付与される」[26]。その要求水準は「修士化」改革以前よりも上がっているとされ[27]、現地調査では、実習と合わせてM2の学生は非常に多忙感を持っているとの説明があった。

　　た。調査対象者はESPEクレテイユ校校長、同校副校長、同校国際担当官、同校准教授である（いずれも調査当時）。

25　現地調査では、M１の学生の最大の関心事は教員採用試験であるため、そこで出題される内容を授業で扱うよう求める学生が多いとの説明があった。別の教育関係者からも「ESPEの指導者はそういう学生や研修生たちが『指導マニュアル』を求め、実践から距離を置いて省察する姿勢を欠いていると感じます」と、同様の指摘がなされている。Jean-Luc Guichet, "La réforme de la formation des enseignants en France"（松原勝敏訳「フランスにおける教員養成制度改革」）『フランス教育学会紀要』第28号（2016年）148頁。

26　ÉSPÉ de l'académie de Créteil, *MASTER PREMIÈRÉ ANNÉE, «Métiers de l'Enseignement, de l'Éducation et de la Formation (MEEF) - Premier degré», Année universitaire 2013 - 2014,* 2013.

27　現地調査では、ESPEクレテイユ校の場合、卒業研究の分量が30頁程度から80頁程度へと増えるとともに、内容面でも実習報告レベルから理論的展開を伴うものが求められるようになったとの説明があった。

　大学で３年間学んだ後にESPEに進学するのが教員になるメインルートではあるが、実はESPE在籍は教員採用試験の受験資格ではない。独学で教員採用試験に合格した場合はM2からESPEに在籍することになる。逆にESPEのM1に在籍しながら不合格になる者もいる。また既に修士号を取得している者もいる。M2の学生はM1に比して多様化する。大きく分けて、①実習生公務員（ESPEで１年間学習した後に教員採用試験に合格した者）、②不合格者（ESPEで１年間学習したが教員採用試験に不合格となった者）、③外部合格者（ESPEで学習せずに教員採用試験に合格した者）、④修士号既得者（教員採用試験合格者のうち既に修士号を取得している者）の４パターンがある。この中で制度の主たる射程であるのは①（実習生公務員）であるが、M2の学生はこのように多様化が想定されており、それぞれの属性に合わせたカリキュラム（免除される座学の科目の設定など）の編成が課題となっている。

（3）修士号の取得

　2010年の「修士化」改革により、IUFMでの養成期間における実践力の育成機能（教育実習）が低下するとともに、正式採用までの期間が１年延長となった。上述のように、もともと教育環境の悪化や教員批判により教員希望者が減少していたのが、このことによってさらにその傾向に拍車がかかったとの批判がなされた。そのため2013年の改革（ESPE創設）では、正式採用までの年限が「修士化」改革以前に戻されるとともに、実習時間が大幅に回復した。一方で、正式採用の基礎資格として修士号取得は維持されるとともに、「修士化」改革で強化された教員の研究力の育成という要素は残された。先に示したように、研究に充てられる時間は「修士化」改革期よりは減少したが、それ以前よりは増えている。

　ESPEを修了すると教育職修士（MEEF）が授与される。これは、大学によって授与される国家免状の１つであり、2002年４月25日付政令によって規定される修士国家免状設置基準をみたしている。MEEFには、初等教育職、中等教育職、教育スタッフ職、教育実務・エンジニアリング職の４つの専攻が設けられている。ただし、教員になるために必要な修士号は必ずしもMEEFである必要はない（例えば文学や物理学などの修士号でも構わない）。

　修士号取得のメリットとして主にあげられるのは、威信が高まること、教員養成の欧州標準化、他国での学習が容易になること、進路変更や転職の可能性の増大（博士課程にも進学可能）である。しかしながら、経済的なメリット（給

与面での優遇など）はほとんどない。

（4）学士課程段階の教育

　前章で既に言及しているように、ESPEの入学要件は学士号の取得であるが、学士課程の３年間は各自の関心に従って自由に学習し、それぞれの領域における専門能力を高めることになっている。分野によるESPEへの入学制限や、入学前の必修科目の設定等はないが、教員志望者向けの教職教育科目群（UEPP）の履修が推奨されている。例えば、Clerment-Ferrand大学のUEEPでは、「教職の世界を学ぶ」「教職へのアプローチ」において、講義24時間＋実習18時間（教育社会学／教育制度＋実習・実践分析）の教育が提供されている。これらUEPP科目はESPEによって提供されることが多く、ここで例示したものもESPEによる提供科目である。また、学士課程段階における段階的力量形成の一環として、ESPE創設と時を同じくして教員志願生制度が創設されたが[28]、これについては第６章で詳述する。

　ESPE入学前の教職教育について、現地調査では、ESPEとしては教員志望者不足対策や養成の一貫性のため入学前のカリキュラムを整備したいが、入学前の３年間は大学本体の領域であり、入学要件としての必修科目の設定などは難しいとの説明があった。また、高度な専門性と実践力とを身につけた教員を育成するには、入学前の学習としてUEEPの履修だけでは不十分であることや、履修者と未履修者の間でレディネスの差ができて逆に教育しにくい面もあること、最も望ましいのは教育学科を出ていることが指摘された。ただし、教育学科はフランスの大学において相対的に歴史が浅く、これを置いている大学も少ない。

（5）大学と現場の連携

　ESPEの前身のIUFM創設の目的の１つは大学と連携した教員養成であったが、「大学への統合に成功していない」と批判されることが多かった。2010年の「修士化」改革では、大学がIUFMと連携して教員養成課程（修士課程）を提供することがめざされた。それでも連携・協力体制が不十分であったことがESPE創設の理由の１つとされる。ESPEでは、教育チーム（大学人＝ESPE教員、

28　フランス国民教育省ウェブページ。http://www.education.gouv.fr/cid61330/les-emplois-d-avenir-professeur.html（最終確認日：2015年３月31日）.

現場教員＝校長・養成指導教員・初等中等教育教員、教育行政関係者＝大学区視学官）による修士課程教育を行うこととされた。

　ESPE教員のうち教員＝研究員（enseignant-chercheur）系[29]の職務は、講義、学校訪問（実習視察）、論文指導である（調査対象校では論文指導は義務とはしていなかった）。また、実習見学は1教員が学生3人程度を担当し（調査対象校では教員の専門とは関係なく機械的に割り当てられる）、1学期に1回学校現場に視察に行く程度である。なお、ESPEには、学校教員だが勤務時間の15～20％はESPEで教える養成指導教員がいる。M2修了時の評価は、ESPE教員と大学区視学官などにより、合同で行われる。

　あくまでも現地調査の範囲内ではあるが、また改組からあまり時が経っていない時期の調査ではあったが、現場レベルでは名目的に語られたほど密な連携が取られているとまでは言えない状況であった。ただし、校長や副校長は、学内の調整だけでなく、学校や教育行政など外部との調整に多くの時間を要しており、管理職レベルでは連携強化の取り組みがなされている。

4．フランスにおける教員養成の課題

　以上、ここ30年来のフランスにおける教員養成制度の変遷もふまえながら、同国の教員養成制度改革について考察を行った。法制度的枠組を明らかにするとともに、現地調査に基づいてその現状と課題の一端を明らかにすることができたと考える。ただし、地域によって学校や教員を取り巻く環境が大きく異なることや、その後さらに改革が進行していることなどを考慮に入れておく必要がある。したがって、本章の分析の範囲からという条件付きではあるが、フランスの教員養成制度の課題のいくつかを以下に示しておきたい。

　第1に理論と実践のバランスの問題である。これは「研究力と実践力とのバランス」の問題として、フランスがとりわけこの数年間にわたり揺れてきた問題でもあり、わが国の教員養成においても重要な論点の1つと考えられる。本章で取り扱った改革では、引き続き修士号取得を教員採用の基礎要件とし、教育職の格上げ政策が維持されていた。それと密接に関係し、また就職後も自力で様々な課題の解決を図る能力を身につけさせるために、研究力を涵養するための科目等が引き続き設定されている。一方で実践力の向上のために、M2の

29　実務家教員ではなく、研究者としてのトレーニングを受けている大学教員。

責任実習は再び充実され、配当時間も復活した。このため、とりわけM2の学生は、責任実習、その前後の作業、卒業研究、さらに継続される座学で加重負担となっている。二兎を追う政策のしわ寄せがこの学年の学生に集中する構図となっている。

　また、この問題ともかかわる大学と現場の連携については、少なくとも実施した調査からは、ESPE創設の趣旨の1つとして謳われたほどにはIUFM時代から劇的に変化はしていない。組織を変えても実際には教員養成に携わることのできる人材は多かれ少なかれ限られている。これまでの慣行的仕組みまで変化するのには時間を要すると考えられる。

　第2にESPEの前後との接続の問題である。すなわち、教員志望者のリクルートと教員の研修の問題である。前者については学士課程で教員志望者向けの科目群が提供されたり、教育職へと導く奨学金的措置が講じられたりしているとはいえ、いずれもESPE進学の必須要件ではない。フランスの教員養成は修士レベルで行われてはいるが、専ら組織的な教員養成として行われるのは2年間のみである。学士課程3年間まで視野に入れると、そこで提供されているプレ教員養成的科目やプログラムを経験した入学者とそうでない者との間にはレディネスに差が生じ、前者に比べて後者は相対的に短い期間で急速に段階的力量形成を進めなければならないことになる。現地調査でも指摘されたように、教員養成関係者の間ではこれまでも学士課程での教員養成プログラムの体系化の必要性が認識されてきたが、近年の教員養成改革においてようやく動きが出てきた。その1つが第6章で取り扱うEAPをもとにしたプレ力量形成（préprofessionnalisation）の措置である。

　教員の段階的力量形成は、教員として正式採用された後まで視野に入れられている。ESPEに対してはIUFM時代よりも研修の充実が期待され、それが新しくできたINSPEにも引き継がれているが、現地調査においては教員養成の安定化が喫緊の課題であり、研修まで手が回っていない様子であった。元々は大学区が主導権を持って幅広い領域について研修を行ってきた実績があるので、ESPEと教育行政当局との連携の可能性がある部分とみることもできよう。この研修の問題については第7章で取り扱う。

　また、以上に示した諸問題は、日本の教員養成にとっても示唆的であるので、「おわりに」であらためて検討してみたい。

V マクロン政権下における
教員養成制度改革

Ⅴ．マクロン政権下における教員養成制度改革

　前章・前々章で触れたように、マクロン政権下において教員養成制度改革が進行中である。それはINSPE第１学年（M1）の終わりに置かれていた教員採用試験を、第２学年（M2）の終わりに後ろ倒しにすることを主たる内容とするもので、2021年度のINSPE入学者から完全に適用される（本書執筆時点では移行期間中である）。それに伴って実習の方式や教員採用試験の内容が変更となる。ここではその改革動向を紹介する。一連の改革にはプレ力量形成としてのEAPも含まれるが、それについては次章で扱うこととし、本章では教員採用試験改革を中心としたINSPE以後の教員養成制度を対象とする。

1．教員養成制度の改革提言

　今次の教員養成制度改革の発端となったのが、国民教育視学官と元大学区長とによって2019年に出された報告書『教員採用試験をどうかえるか？』である[1]。同報告書は、国民教育大臣および高等教育・研究大臣の2018年７月９日付共同書簡（lettre）に応える形で出されたものである。この共同書簡は、教員養成の「修士化」を変更することなく、現在の実施時期（M1の終わり）で教員採用試験を維持することの妥当性、教員採用試験の配置を変えた場合にESPEとそれが提供する養成にどう影響するか等を検討することを求めている。

　これは、現行の教員養成制度において、学術的な質が担保された修士号の取得と必要な知識技能を身につけた教員の養成との両立が難しい、教員採用試験前後の教育が分断されて一貫した修士課程教育が難しい、学生は学位の取得と教員になるための準備（採用試験の準備＋責任実習）の両立に多忙であるといった問題が生じていることを背景としている。また、教員採用試験合格者の約半数がMEEF修士課程M1出身者で、残りの約半数が学問分野のM2出身者となっ

1　Monique RONZEAU et Bernard SAINT-GIRONS, *Quelles évolutions pour les concours de recrutement des enseignants ?* (2019).

ており[2]、学生の経歴の多様性に教員養成を対応させる必要も生じている。

　これに対して上記報告書は、以下の３点を目的として定め、教員養成のあり方について検討を行っている。

－現行の教員採用システムおよびそのMEEF修士教育との接続について、その問題点を明らかにすること。
－初等教育教員と中等教育教員の養成システムへの影響を分析しつつ、教員採用試験の実施時期と性質の変更可能性について評価すること。
－推奨される変更の実施に必要な条件、特に教員養成システムに携わる様々な関係者の役割について分析すること。

　そして、ESPE改革の効果、教職への人材誘導、教員採用試験などについても検討が行われ、以下の６つの提言を行っている。

１．高校や中学校などの学校教員を対象としたMEEF修士課程における養成の一貫性を取り戻すこと、その答えを教員採用試験の実施時期の観点から導き出すこと。
２．実施時期の問題以上に教員採用試験の編成との内容を改善すること。
３．将来の教員のキャリアにおける構成要素としてプレ力量形成を組み込むこと。
４．事前のリクルートを充実させること。
５．学士課程から教職への方向性を明確化・早期化すること。
６．効果的でバランスのとれたパートナーシップ・モデルに向けて大学の構成部局であるESPEの改革を継続すること。

　ここでは、最大の論点ともいえる教員採用試験の実施時期を含む教員養成制度の改革に関する提言について、少し詳しく紹介しておきたい。まず上記１の養成の一貫性については、雇用者であるMENの期待に応えることを重視して、M2ならびにM1での段階的力量形成を強化すること、すなわち、養成の課程を

2　Ministère de l'éducation nationale, de la jeunesse et des sports, *Devenir enseignant: une meilleure formation initiale et des parcours plus attractifs pour entrer dans le métier* (2020).

より簡素でわかりやすい編成にすることを目的としている。その観点から、教員採用試験をM2修了時に配置することを基本としつつ、①すべての試験をM2修了時に配置するパターンと、②受験資格試験を採用試験から切り離し、前者はL3（学士課程3年次）修了時に、後者はM2修了時に配置するパターンとを提示している。また、初等教育教員についてはM1修了時に受験資格試験を配置し、合格者は実習生公務員としてM2での養成を続行する可能性も示している。さらに、先述した学生の経歴の多様化について、ESPEのM1を経由しない教員採用試験合格者用の「適応コース（parcours adaptés）」をMEEF養成の全体図の中に組み込み、そこでの養成を入職前に求められている職業実践の学習に焦点化したものとすることも提案されている。

上記2の教員採用試験の改革については、教員採用試験の構成と内容を、雇用者であるMENの期待や、養成課程を通して段階的に身につけさせる職業能力と一致させること、すなわち養成と採用の一貫性を図ることを求めている。加えて、教員採用試験の審査委員の構成とその役割を改善し、試験の性質を見直すことも求めている。

2．新しい教員養成制度の概要

（1）教員採用試験の実施時期の変更と段階的力量形成

MENは、上記報告書が提案した方向で改革に着手する方針を固めた。それは、大学での教員養成と同時に修士化（MEEF修士）の強化を図ることをめざすもので、最も可視的な変更は、教員採用試験をM1の終わりからM2の終わりへと移すことである。そのメリットとして以下の3点があげられている。第1に、M2修了時に教員採用試験を置くことにより修士課程の分断が回避でき、M1では修士号取得、M2では教員採用試験と修士号取得、その次の学年に教員資格取得という具合に学生が年度ごとに目標を明確化できる点である。第2に、先述のように教員採用試験合格者のうちMEEF修士課程M1出身者とMEEF以外の修士課程出身者がおよそ半々であり、M2修了時に教員採用試験を実施することで、このような教員養成の多様性を減ずることなく、志願者カテゴリー間の合格条件を平等化できる点である。第3に、修士号取得後の学年、すなわち実習生公務員の学年をその属性に合わせて調整することができる点である[3]。

3　*Ibid.*

74

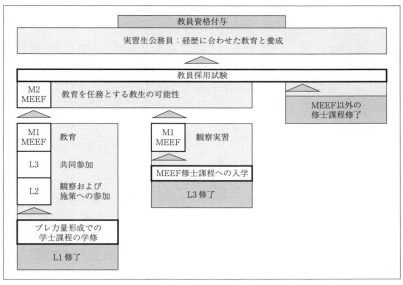

図5　2022年度からの教員養成制度

Ministère de l'éducation nationale, de la jeunesse et des sports, *Devenir enseignant: une meilleure formation initiale et des parcours plus attractifs pour entrer dans le métier* (2020) をもとに作成。

　新しい教員養成制度では、INSPEで2年間の養成を受け、M2修了時に教員採用試験を受験し、合格者は次年度（INSPE入学後3年目）に実習生公務員として学校で教鞭を執ることになる。2022年度からは、M2に登録した学生または既に修士号を取得している者（M1登録者を除く）のみが教員採用試験を受験できる。実習生公務員に任命されるのは、一部例外を除き、修士号（従来通り求められる修士号の専攻は問われない）を有している教員採用試験合格者である（M2登録者は不可）。M2において、学生は実習生公務員の身分と学生の身分とを兼ねることはなくなる。これは、正式採用になるまでバカロレア取得後6年を要する（＝改革前より1年長くなる）という点では、評判の悪かった2010年からESPE創設までの「修士化」時代と同じである。しかしながら、詳細は後述するが、教員養成の第3年目の責任実習においてINSPEが養成にかかわることを明確化している点、そこで実習生公務員の経歴に合わせた養成が行われる点、M2までにおいても段階的力量形成の一環として責任実習は行われうる点、すなわち段階的力量形成の観点から実践力の涵養が考慮されている（研

究一辺倒ではない）点などにおいて、「修士化」改革時とは異なるものである[4]。

　段階的力量形成に関して言えば、INSPE入学前のプレ力量形成の拡充が行われている（詳細は第6章参照）。これは必須ではないため、INSPEには学士課程段階でプレ力量形成のプログラムを経て入学する者と、それを経験せずに入学する者とが存在することになる。前者は一定の実践経験を有して入学してくるので、M1においてチューター教員の指導の下で責任を負った状態でのクラス担当ができることになる。

（2）INSPEにおける実習

　第3章で示した通り、INSPEにおける教員養成課程の全体を通して、学生は少なくとも800時間相当の学修を求められることになっている。実習はこれとは別枠で、総計18週間行われる。内訳は、第1学年での6週間の観察実習および指導付実践と、12週間の有給労働契約による交互教育または実習となっている。実習の一部として設定されている交互教育は、INSPEの学生が教生（alternant）として児童生徒に対して責任実習を行うというものである。その勤務時間は法令上の教員の年間勤務義務の3分の1に相当する時間であり、INSPEの助言に基づいて大学区長が採用する。採用においては、学生が取得した資格、教育職修士の専攻、居住地が同程度に考慮されるが、これら以外の事項が考慮される場合もある。教生としての実習は1年間の労働契約により実施され、手取り月収は約722ユーロである。ただし、この労働契約の形での交互教育は義務ではなく、別の形で12週間の実習が行われることも想定されている。

　教生の実習期間については、①1学年にわたって行う方式、②1つまたは複数の期間に集中して行う方式、③両者を組み合わせて行う方式が想定されている。どのような方式で実施するかの選択は、関係するINSPEと協議した上で大学区長によって行われる。教生としての交互教育期間は第2〜3学期あるいは第3〜4学期に配当される可能性があるが、教育職に対する段階的力量形成の

4　進行中の教員養成制度改革に関しては、Ministère de l'éducation nationale, de la jeunesse et des sports, "Réforme de la formation initiale des professeurs et des conseillers principaux d'éducation en instituts nationaux supérieurs du professorat et de l'éducation". https://services.dgesip.fr/fichiers/2021_vademecum_reforme_du_concours_etudiants_DGRH_1392715.pdf（最終確認日：2021年11月18日）をもとに記述した。

観点から、学校での責任を伴う業務はINSPE入学後すぐには行われない。M1での観察実習および指導付実践の後に行われるため、早くても第2学期（M1後期）以降となる。教生の受け入れ校の決定や勤務時間の配分については、INSPEと連携して学生に特別な配慮をしながら大学区長が行う。このように柔軟な交互教育の編成が可能とされているのは、INSPEでの養成時間と学校での職業実践の時間とを十分に結びつけることができるようにするためであり、また、そのことにより交互教育が学生の教員採用試験合格に有利に作用するようにするためである。その視点から教生は残業しないこととなっており、業務の割合は学業上の成功と教員採用試験での成功とを両立できるように設定されている。

　児童生徒の前での教生の業務は指導付きで行われる。学生は原則として受け入れ校のチューター教員とINSPEのチューター教員から指導を受けるが、とりわけチューター教員は学校において教生のすぐ側で実践の指導を行う。両チューター教員は教生の養成に関わり、交互教育期間の評価について意見を述べることになっている[5]。

（3）実習生公務員に対する養成方法

　先述のようにINSPEの2年間は修士号の取得と教員採用試験の合格とを目標に養成が行われる。この改革で、教員資格の付与は3年目に先送りされるが、内容としては以前の実習生公務員の養成プロセスを踏襲する形で行われる。実習生公務員の養成を行うのはINSPEである。

　この実習については、実習生公務員は学生ではないことと、個人の特性に合わせて養成方法が調整されることとが強調されている。調整の際に主な指標となるのは、第1に教職への精通度を示す取得した修士号の種類（特にMEEF修士か否か）、第2に交互教育（教生）の経験の有無であり、実習生公務員の属性に応じて異なる業務割当や負担軽減が行われうる。また、チューター教員による適切な指導を受けることになっている。教生を経験している実習生公務員は、任命されるとすぐにフルタイムで勤務するが、その経歴に合わせて負担軽減がなされたり、INSPEで必要な教育を受けたりすることがある。INSPE以外

5　教生ではない教育職修士課程の学生も、18週間の実習（観察実習および指導付実習の6週間を含む）を行わなければならない。この場合も教生と同様に、受け入れ校のチューター教員とINSPEチューター教員から指導を受けることになる。

での修士号取得者である等、交互教育未経験の教員採用試験合格者については、この実習生学年において職業実践とINSPEでの学習とのバランスをとる必要があるため、改革前のように学校でパートタイムの業務を遂行することになる。

3．新しい教員採用試験の内容—初等教育教員の場合[6]—

（1）2022年度からの教員採用試験（初等教育教員）の概略

　次に、教員養成制度改革の一環として行われた教員採用試験の内容の見直しについて以下に紹介する。ここでは第3章と同様に初等教育教員について取り上げる。2022年度からの教員採用試験（初等教育教員）は、3つの試験科目パートで構成される筆記による受験資格試験（1次試験）と2つの試験科目で構成される口頭での採用試験（2次試験）とで構成されることになる。また志願者は、任意で現代外国語に対する口述試験を受験できる。2022年度の教員採用試験では、受験登録は2021年10月19日から11月17日までである。受験資格試験は、一部を除き2022年4月5〜7日に行われ、初日が国語（フランス語）、2日目が数学、3日目が教育実践に関する筆記試験となっている。採用試験は大学区ごとに定められることになっており、2022年5月から7月の間に実施される。

　試験は小学校学習指導要領に基づいて出題される。志願者には、学習指導要領に基づいて教育を行うのに必要な知識が必要とされ、「知識・コンピテンシー・教養の共通基礎」全般および第1〜第4学習期の学習指導要領に習熟していることが期待される。小学校レベルで教えるための国語・数学（算数）ならびに他の教科の教授法に関する知識とコンピテンシーが求められる。

　受験資格試験（筆記）の1つで20点中総計5点以下の者は不合格となる。採用試験では授業に関する試験で0点または面接試験の2パートのうち1つで0点の者は不合格となる。現代外国語試験（任意）の得点は、20点中10点を超える部分のみが考慮される。また、審査委員による試験の採点においては、国語に関する筆記・口頭の習熟度（語彙、文法、活用、句読法、正書法）が考慮される。

6　本節での記述は、Ministère de l'éducation nationale, de la jeunesse et des sports, "Les épreuves du CRPE externe, du troisième CRPE et du second CRPE interne - Devenir enseignant". https://www.devenirenseignant.gouv.fr/cid98653/les-epreuves-du-crpe-externe-du-troisieme-crpe-et-du-second-crpe-interne.html（最終確認日：2021年12月31日）に基づくものである。

表5－1　受験資格試験（初等教育教員）の概要（2020年度以降）

試験科目	試験内容	試験時間	係数
国語 （フランス語）	言語学習（文法、正書法、語彙等）に関する問題	3時間	1
	語彙およびその理解に関する問題		
	文章についての考察に関する問題		
数学	演習問題（3セット以上）	3時間	1
教育実践 （右記の1つを選択）	科学技術（実験を含む）	3時間	1
	歴史、地理、道徳・市民教育（これらのうち2領域から出題）		
	芸術（音楽教育、造形芸術、美術史のうち2領域から出題）		

（2）受験資格試験

　受験資格試験は国語、数学、教育実践の3科目である。国語の試験時間は3時間であり、約400〜600語のテキスト（小説、短編小説、思想文学、エッセイなどからの抜粋）に基づいて出題される。言語学習に関する部分（志願者の構文・文法・正書法の知識を確認できるもの）、語彙およびその理解に関する部分、文章についての考察に関する部分（構造化された論理を示す詳説の形で解答する）の3つの部分で構成される。数学の試験時間も3時間である。少なくとも3つの独立した演習問題のセットで構成され、志願者の知識が確認される。

　教育実践に関する筆記試験は、志願者が段階的かつ一貫した学習の展開を提示する能力を有しているかを評価することを目的としている。試験時間は3時間であり、志願者は試験開始時に3つのテーマから選択することができる。3つのテーマは、それぞれ①科学技術、②歴史、地理、道徳・市民教育、③芸術の領域に対応する。志願者は、研究から得られた成果や教授法に関する文書を含む資料を活用し、選択された領域において教えられる内容との関係で教科の技量を示すこと、その技量を学習の展開の構築または分析に適用することを求められる。これら試験は、小学校での1または複数の教育領域または単元（第1〜第3学習期）の設計および／または分析で構成され、志願者の教科の知識を確認することを目的とした問いが含まれる。科学技術の試験は実験を含む。歴史、地理、道徳・市民教育の試験はこれら3つの領域から2つが、芸術の試験は音楽教育、造形芸術、美術史の3つの領域から2つが出題される。

（2）採用試験

　採用試験は授業に関する試験、面接試験で構成される。これらに加えて、任意で現代外国語の試験も行われる（希望者のみ）。授業に関する試験は準備時間が2時間、試験時間が1時間となっている。国語と算数がそれぞれ30分で、志願者による10 〜 15分のプレゼンテーションに続いて、残りの時間で審査委員との質疑応答が行われる。国語と算数の試験は連続して実施される。ここでは審査委員から2つの授業課題が志願者に提示される。一方は国語の教育領域の1つ、他方は算数のそれである。それぞれ児童の学年とカリキュラムについて明示されており、志願者は審査委員によって提供される資料を使用して単元の展開を構築する。提供される資料は、様々な性質の最大4つの文書—教材、教科書の抜粋、児童の書き物、学習指導要領の抜粋—を含んでいる。志願者は、各授業およびその展開の教授法上・教育上の構成要素を順に審査委員に提示する。プレゼンテーション後の審査委員との質疑応答では教科および教授法の双方の知識が確認される。かくして、小学校におけるこれら各課題についての志願者の理解力および指導力、教科および教授技術の習熟度が評価される。

　面接試験は試験時間1時間5分であり、下記の第1部（30分）と第2部（35分）とで構成される。第1部は保健体育（éducation physique et sportive）に関する試験で、発達科学と児童心理学の知識を含む。志願者には30分の準備が与えられる。志願者は、審査委員が提示する課題に対して、単元についての教育的背景と学習目的を提示する。最長15分のプレゼンテーションに続き、残りの時間で審査委員との質疑応答が行われる。そこでは、一方で児童の発達と心理に関する志願者の科学的知識が、他方で児童の安全をそこに取り込み、その選択を正当化し、その提案を年次計画や学校での保健体育の課題に組み入れる能力が評価される。

　第2部（35分）は、公役務として教職に身を投じることに対する志願者の動機付けと適性に関する試験である。面接の前半（15分）においては、志願者が自身の経歴と経験について最長5分間のプレゼンテーションを行い、その後10分間の審査委員との質疑応答がなされる。そこでは、教員採用試験に志願することにつながった研究活動、受けた教育、実習、社会的活動への参加、海外での学修期間が評価される。後半（20分）においては、審査委員が2つの職業上の場面—1つは教育、もう1つは学校生活に関するもの—を志願者に提示する。これらに関する質疑応答を通して、一方では世俗主義を含む共和国の価値観お

表5−2　採用試験（初等教育教員）の概要（2022年度以降）

試験科目	試験内容		試験時間	係数
授業に関する試験	準備時間		2時間	4
	国語（プレゼンテーションと質疑応答）		30分	
	算数（プレゼンテーションと質疑応答）		30分	
面接試験	保健体育		準備30分	2
			試験30分	
	動機および適性	動機に関するプレゼンテーションと質疑応答	15分	
		教職の場面に関する質疑応答	20分	
現代外国語試験（希望者のみ）	ドイツ語、英語、スペイン語、イタリア語から1つ選択（プレゼンテーションと質疑応答）		準備30分	−
			試験30分	

および公務員の要件（中立性を含む公務員の権利と義務、差別や偏見との戦い、平等、とりわけジェンダー平等の促進など）への適応能力を、他方ではこれらの価値観とその要件の伝達・共有能力が評価される。

　最後に、現代外国語の口述試験は選択制（希望者のみ）であり、教員採用試験に登録する際に、志願者はドイツ語、英語、スペイン語、イタリア語のいずれかについて受験を求めることができる。試験時間は30分であり、これとは別に30分の準備時間が設定されている。この試験では最初に選択した言語での質疑応答がなされる（10分）。志願者は簡潔に自己紹介したり、審査員が提示する資料について考えを述べたりする。提示される資料は最大2頁の教育・教授法に関するもので、単元または教育領域の教育展開、評価に関する資料、児童の作品、教科書または学習指導要領の抜粋、語学教育に関する研究論文などである。続いて志願者は、単元または教育領域において提示された資料をいかに利活用するかを述べるとともに、教育目標と教材の使用方法を説明する。フランス語で10分間の報告を行った後に、選択した外国語で10分間の質疑応答が行われる。辞書の使用は認められる。求められる言語能力の最低水準は、欧州言語参照枠のB2レベルとされている。

4．現行の教員養成制度改革の小括

　前章および本章で見てきたように、フランスの教員採用試験の実施時期は、

10年ちょっとの間に「M1修了後→M2修了後→M1修了後→M2修了後」と目まぐるしく変動している。もちろん、教員採用試験の実施時期だけの問題ではなく、修士号および教員資格の取得、実習、教職へのリクルートなど様々な要素も含めての話ではあるが、教員養成の最適解が見つかりにくいことを象徴しているといえる。

しかしながら、これまで出てきた問題点を克服しようとする努力も見られる。まず、2010年の「修士化」改革においては、M2におけるインターンシップ型の養成が廃止されて5～6週間の実践経験だけで教壇に立つこと、すなわち実践力の不足が課題の1つとされた（第4章参照）。この点についてはM2で交互教育の実施を含めてINSPEでの養成を通じて一定量の実習を義務とすること、実習生公務員の養成をINSPEが担当することの明確化により、改善が図られている。また、ESPE改革に生じた問題の1つが学生の多忙化である（第4章参照）。この点についても、INSPEの2年間は修士号取得と教員採用試験の準備に集中することで改善が図られている。

ただし、Bac+6問題、すなわち教員として正式採用されるまでに高等教育進学後6年を要すること、それが教職希望者の減少の一因となっているとされる問題については、明確な対策は見られない。プレ力量形成の充実で早い段階から教職希望者の確保を行うことで、間接的に問題の克服を図ろうとしていると見ることもできるが、どれほどの効果があるかは本書執筆時点では不明である。教職志望の学生あるいは進路として教職も視野に入っている学生がどのような反応を示すかについて、今後の動向に着目する必要があろう。

これらの改革の中心を担うのは、改めて言うまでもなく教員養成機関であるINSPEである。上述のように、INSPEは、そこでの2年間の養成修了後に行われることになった実習生公務員の養成を担当することになった。これはINSPEが入学後3年目までの養成に関わることになり、業務範囲の拡大ととらえることができる。M2までの段階での実習は別途行われるし、修士号取得のための教育や教員採用試験に向けての準備教育も減免されるわけではなく、INSPEの力量が問われることになる。その体制整備も含めて、今後の動向に着目したいところである。

VI

フランスにおける
教職への人材誘導策

Ⅵ. フランスにおける教職への人材誘導策

1. 教職の魅力の低下に対する懸念

　今日、学校そして教員を取り巻く環境にはたいへん厳しいものがある。いじめ、不登校、いわゆる学級崩壊、保護者対応など、非常に解決が難しい問題が山積している。それに伴って、長時間労働や精神的疾患の多さなど、劣悪な教員の労働環境が社会問題化している。さらに、グローバル化や知識社会化の進展により教育方法の質的転換が求められ、これまで以上に高度な教授技術を身に付けることが要請されている。待遇と職務のバランスが崩れつつあるといえ、このままの状況が続けば、優秀な人材を教職に誘うことが困難になると予想される。実際に、長期的な傾向になるのかは不明であるが、教員養成系学部への出願倍率低下もメディアによって報道されている。

　もちろん、教員の育成策をめぐっては、これまでも数多くの議論がなされてきたし、近年においても教員養成の諸問題を中心的に取り扱った書籍は多数刊行されている[1]。さらに過去10年程度を視野に入れて関係諸学会の動向を見ると、日本教師教育学会は言うまでもなく、日本教育制度学会、日本教育経営学会、日本教育行政学会においても、公開シンポジウム、課題別セッション、特集などにより教員養成の問題が取り上げられている。

　これら先行研究等においては、概して教員養成・採用・研修の制度、内容、方法およびそれらの改革に、つまり教員のあり方や求められる能力、その育成方法に議論が集中していたと言えよう。それは、教育再生実行会議や中教審における政策レベルの議論でも同様である[2]。優秀な人材を誘導することには言及

1　例えば、岩田康之・別惣淳二・諏訪英広編『小学校教師に何が必要か』（東京学芸大学出版会、2013年）、名須川知子・渡邊隆信編『教員養成と研修の高度化』（ジアース教育新社、2014年）、山崎博敏『教員需要推計と教員養成の展望』（協同出版、2015年）など。

2　教育再生実行会議「これからの時代に求められる資質・能力と、それを培う教育、教師の在り方について（第七次提言）」（2015年）、中央教育審議会「これからの学校教育

しているが、その方策は養成・研修の改善と外部人材の登用が中心である。そもそも教員養成の入口に優秀な人材を呼び込もうという施策やその提言は少なく、有っても具体性に欠けている。つまり、これまでの議論においては、優秀な人材をまずは教職へのルートに誘うという視点が十分ではなかったのではないだろうか。もちろん、教職自体の魅力を高める必要があることは言うまでもないが、先に述べたような今日の教員をめぐる状況を鑑みるに、この点に関する早めの対策が必要ではないかと考える。

この問題に関しては、フランスにおいても似たような状況が見られる。2012年7月にパリ西部のオ・ドゥ・セーヌ県の雇用当局が、初等教育（幼稚園および小学校）教員20名を募集するという内容の広告を出した。これは教員志願者の減少・不足の進行を象徴・顕在化するものとして、教育界に少なからぬ衝撃をもたらした。もちろん、これはこの地域に限ったことではなく、ナント市でも同様の募集広告が出されるなど、教職への人材確保は重要課題の1つとなっている[3]。

フランスにおいても教員の育成の問題は研究レベルでも取り上げられている。その多くは教員養成制度に対する批判的検討を行っている[4]。とりわけGuibertとTrogerは志願者の減少をもたらした近年の教員養成制度改革を批判し、養成と研修との一貫性の強化等を主張している[5]。また新任教員の成長や困難に注目した研究もいくつかなされている[6]。しかし、教員養成をめぐる問題や学校・教員を取り巻く厳しい状況が指摘されながら、これら研究においても教員養成段階への優秀な人材の誘導という観点は見られない。

を担う教員の資質能力の向上について〜学び合い，高め合う教員育成コミュニティの構築に向けて〜（答申）」（2015年）。

3 Guibert, P. et Troger, V., *Peut-on encore former des enseignants?*, Armand Colin, 2012, Paris, p. 7.

4 Perez-Roux, T., ed., *La professionnalité enseignante : Modalité de construction en formation*, Press Universitaire de Rennes, Rennes, 2012, Etienne, R., et Clavier, L., ed., *L'Evaluation dans la formation des enseignants*, L'Harmattan, Paris, 2014, Prost, A., ed., *La formation des maîtres de 1940 à 2010*, Presses universitaire de Rennes, Rennes, 2014.

5 Guibert, P. et Troger, V., *ibid*.

6 Rayou, P. et van Zanten, A., *Enquête sur les nouveaux enseignants : changeront-ils l'école?*, Bayard, Paris, 2014.

制度面に目を向けると、オーランド政権下のフランスでは、改組により ESPEを創設し、教員養成改革に取り組んだ。これにより一部地域・教科における教員不足の解消と、段階を踏んで教員に必要な資質能力を身に付けさせる段階的力量形成（professionnalisation progressive）による教員養成とが期されている。そして、高等教育第4・5年次の本格的な教員養成の前段階において優秀な人材を教職へと誘う新しい制度として、本章で取り上げるEAP（emploi d'avenir professeur：教員志願生）制度[7]が2013年に創設されている。これは教員志願者の一部を対象としており、教員養成全体を下方に拡充するものではないが、段階的力量形成の重要部分を担う制度である。

　このEAP制度は、後述するような制度変更を経て、マクロン政権下では教職の魅力を向上させる手段として、「プレ力量形成（préprofessionnalisation）」事業として改編されている。それは、教職への段階的な入職を可能にすること、志願者の範囲を拡大すること、経済的に恵まれない学生を教職に惹き付けることを目的として、より明確に段階的力量形成の一部として位置づけられている[8]。

　以上より、本章においては、今日の教職をめぐる状況に鑑みるに、今後の教員養成において、優秀な人材を教職の入口へと誘うことが重要課題になるとの立場を取る。そして、教員志願者を支援する形で教員養成段階への人材誘導策（EAP制度）を既に導入しているフランスを対象として、同国が取った戦略を検討し、それが直面した困難等について考察する。もって、教職への人材誘導策の成果と課題を明らかにすることを目的とする。これにより我が国にもいくらかの示唆が得られることも期待される。

　このために本稿は、EAP制度をその支援内容と条件整備・実施体制の観点から分析する。両者は密接に関係しているため完全に区別することは難しいが、EAP生が何をするか／何を受けるか等に関するものを支援内容、EAP生をどう採用するか／どうサポートするか等に関するものを条件整備・実施体制とし

7　「EAP」が採用された学生を指すのか、その制度を指すのかを明確にするために、本書では前者の場合を「EAP生」、後者の場合を「EAP制度」と表記する。

8　Ministère de l'éducation nationale, de la jeunesse et des sports,"Devenir enseignant：une meilleure formation initiale et des parcours plus attractifs pour entrer dans le métier". https://www.education.gouv.fr/devenir-enseignant-une-meilleure-formation-initiale-et-des-parcours-plus-attractifs-pour-entrer-dans-3170（最終確認日：2021年8月14日）

た。また、創設初期にMENのウェブサイトにおいて、「EAP制度は、教職への就職を支援する措置であり、教員養成改革の重要な柱である。それは、プロになるコースを提供するとともに金銭的支援を行うことで、経済的に恵まれない学生をよりいっそう教職へと方向付けることをめざしている」[9]と説明されていた。ここから、EAP制度による教職に向けての支援内容には2つの側面を看取できる。1つは育成面であり、段階的力量形成、教員になるコースの提供に関わる部分である。もう1つは経済面であり、EAP生への金銭的支援に関わる部分である。本稿では、支援内容についてはこれら2つに分けて分析する。

　以下、具体的には、まずEAP制度の概要（目的、制度概要、設立の経緯、実施状況など）について紹介する。次に、EAP制度に関するMENの報告書や訪問調査などをもとに、その実施状況および設立から3年後に行われた制度変更について分析を行う。なお、EAP制度の後継事業であるプレ力量形成は制度変更後間がなく、また現地調査も実施できておらず、本書執筆時点でその成果を判断することは困難であることから、制度の概略を紹介するにとどめることとする。

2．EAP制度の設立

（1）設立時のEAP制度

　2013年度に設立されたEAP制度は、後述するように2016年度に制度変更がなされているが、同制度の元々の趣旨を理解するために、まずは設立時の制度概要（目的・内容・実施体制等）について整理しておきたい[10]。EAP生とは「教育領域における職業計画を有する奨学生であり、報酬を伴った最初の現場経験を得るために、EAP生の契約に調印した者」と定義されている。EAP制度は教職への就職を支援する措置であり、教員養成改革の重要な柱と位置づけられている。

　まず、支援内容の育成面について見てみよう。EAP生は教職志望の学生を対象とするものであり、教員採用試験を受けることが採用条件となる。EAP

9　Ministère de l'éducation nationale, "Emplois d'avenir professeur", 2014.：http://www.education.gouv.fr/cid61330/les-emplois-d-avenir-professeur.html（最終確認日：2018年3月20日）

10　以下、設立時の制度説明は上記MEN（2014）に基づいている。

生は学校においてパートタイム職に就き、原則として週12時間勤務する。EAP生の任務は、学校が行う個別的支援および援助・補助活動への参加である。この過程でチューター教員（tuteur）からの指導・助言を受けることができる。段階的力量形成の考え方の下、その任務の具体的な内容は学年ごとで異なる。学士課程第２学年（L2）では積極的な観察や教育活動の補助が主たる任務であるが、学士課程第３学年（以下、L3）では教員の指導下での教育実践が行われるようになる。さらに修士課程第１学年（M1）になると評価への参加も加わってくる。ESPEに在籍するEAP生は、M1における観察実習・指導付実習が免除される。かくして、EAP生として学校現場に入ることにより、職業能力の発達と現場経験の獲得がなされ、段階的に入職する機会を得ることになる。支援内容の経済面については、EAP生の対象者は社会的基準奨学金[11]を受給しているL2・L3・M1の学生であって、原則として26歳未満の者とされていた。上記の任務に対する報酬は、公役務奨学金として、勤務時間給与を社会的基準奨学金に加算して支給される。これにより月収平均900ユーロの収入となる。

　このようにEAP制度は、より多くの奨学生に教職に就く可能性を提供し、とりわけ経済的に恵まれない家庭出身の学生を教職へと方向付けている。教員の正式採用はバカロレア資格取得後５年を要し、しかも近年の教員養成制度改革により修士号の取得が義務づけられたため、経済的に恵まれない環境出身の学生を教職から遠ざける結果となっていた。EAP制度は、これが無ければおそらく長期にわたる学業を継続しないであろう若者に教職を奨励している。とりわけ志願者数が不足している教科や地域（大学区）における教職に就く魅力の強化が期待されている。

　次に、条件整備・実施体制について見てみよう。EAP生としての契約期間は１年である。それは、２回更新可能な労働契約である（つまり最長３年間EAP生を続けることができる）。2013年１月に約3,500人を採用した後（採用枠は4,000人）、2014年９月に6,000人を採用して、2015年には18,000人を採用する計画であった。しかし、実際には計画通りには進まず、制度変更が行われ、2015年度は継続分のみとなった。

　このEAP制度には様々な関係者が存在する。学校現場で活動するEAP生や

11　EAP生の資格要件の対象とされた社会的基準奨学金は、経済的に恵まれない者を対象としており、経済的な基準によって採否が決まる。

チューター教員はもちろんであるが、この制度を実施するにあたって、大学、教育行政機関、配属校が条件整備等に関わっている。大学はEAP生の募集、学生への連絡・情報提供、申請書類の取りまとめ等を行う。大学区事務局はEAP生の選考および配属校の決定、チューター教員の選定等を行う。そして配属校については校長がEAP生を雇用し、チューター教員がEAP生の指導を行うことになっている。

（2）EAP制度設立の経緯

　EAP制度が創設されたきっかけは、2012年の大統領選挙におけるオーランド前大統領の公約にある。この大統領選挙においては雇用問題が大きな争点となり、これがサルコジの敗北理由の１つであるとの分析が有力である。この点に関して、オーランドは成長と雇用の重視を掲げて国民の支持を得た[12]。教育界においては学校再生（refondation）が大きな課題となっており、教員不足、そして経済的に恵まれない学生の学業継続困難が問題となっていた。

　オーランドは大統領選において、①経済・財政の再建、②税制等における公平性の回復、③新世代への希望、④模範的な国家と国際的発言力の４点を公約の柱として位置づけていた。このうち教育に大きく関係してくるのは③であり、その中でも特に（ⅰ）若年者及び高齢者を中心とする失業対策と（ⅱ）教育の回復である（残りの２つは（ⅲ）環境・エネルギー政策と（ⅳ）文化の振興）[13]。これを踏まえて政権発足後には、若年者の就業促進（15万人の雇用支援）や学校教員を中心とする教育関係のポストの増強（５年間で６万人増）などの政策が実行に向けて動き出すことになる[14]。

　オーランド大統領（当時）は着任直後、若年層への財政支援を表明した。公約において「将来のある雇用（emploi d'avenir）の創出」としていたものの実現である[15]。これを受けてMENは６月から９月にかけて関係者との協議を行っ

12　労働政策研究・研修機構「『成長と雇用』重視、雇用創出で公約―オランド新政権が発足―」『海外労働情報』（フランス：2012年６月）。

13　Hollande, F., "Le Changement c'est maintenant, mes 60 engagements pour la France", 2012.

14　服部有希「【フランス】オランド新大統領の政策課題」国立国会図書館及び立法考査局編『外国の立法：立法情報・翻訳・解説』月刊版. 252－１（2012年）。

15　労働政策研究・研修機構、前掲書。

て同省の対応を検討し、最終的にはペイヨン教育相（当時）がEAP制度の導入を表明した。すなわち、国の「将来のある雇用」政策の一環として、MENでEAP制度を立案・実施したものであり、雇用政策に教員養成政策を重ねた形になっている。法的には労働法典を改正する2012年10月26日付「将来のある雇用制度の創設に関する法律」（Loi no.2012-1189 du 26 octobre 2012 portant creation des emplois d'avenir）により、「将来のある雇用」政策の導入とともにEAP制度の創設が規定された。

3．EAP制度の実施とその変更

（1）EAP制度の実施とその評価

　EAP制度は運用開始後に様々な問題が生じ、必ずしも計画通りには進まなかった。その要因等については、「教員志願生制度の定性的評価報告書」（以下、「報告書」）[16]において分析がなされている。EAP制度は創設当初より、実施結果を総括し、その後の改善に活かしていくことが予定されていた。その作業として刊行されたのが「報告書」であり、「EAP制度の改善の手掛かりを提案するために、成功の条件を突きとめること」を目的とするものであった。

　「報告書」は、4名の国民教育総視学官によって執筆されたもので、分析作業においては、様々な量的データに加え、現場関係者に対する聞き取り調査の結果も多数用いられている。そこでは、EAP制度の利点・成果として、①EAP制度が校長・チューター教員、そしてEAP生自身に好評であること、②段階的力量形成に貢献していること、③教員採用試験前に教職について実感できることが指摘されている。他方、EAP制度についていくつかの問題点も指摘されている。その主なものは、①制度の運営、②定員の充足、③大学の関わり方である。以下、EAP制度の利点や問題点等について、「報告書」に加えて、2015年11月23 〜 24日にパリ市内で実施した訪問調査も踏まえながら検討していく。この訪問調査では、パリ市内公立中学校の校長、教員（チューター教員）1名、EAP生（L3）1名、パリ市大学区事務局視学官長、MEN総視学官2名（所属等はいずれも調査時点のもの）にEAPに関する聞き取り調査を行った。

　まず利点については、「報告書」で指摘されている事柄は、訪問調査で得ら

16　Galicher, A., Coquart, C., Ortusi, L. et Taupin, A., *Bilan qualitatif des emplois d'avenir professeur*, 2015.

れたものと概ね一致しており、調査対象者全員から「教職をめざす学生には有効である」という主旨の回答が得られた。この調査からはEAP制度には、EAP生にとってのメリットと、学校にとってのメリットの２つの側面が看取できた。

EAP生にとってのメリットとしては、「教職の理解や興味喚起につながる」、「教科だけではなく学校全体を見ることができる」（以上、校長）、「教科だけでなく、教科外の要素も知ることができる」、「教職や教育システムを、生徒時代とは違う視点で見られる」、「教育者になること、教職に就くことの理解が深まる」（以上、視学官長）、「教員になる意思の確認ができる」（EAP生）といった採用前に教職について知ることができる点が多くあげられた。また、「教え方を学ぶことができる」（EAP生）という段階的力量形成への貢献に関する回答もあった。さらに、「経済的に恵まれない学生が勉強を続けられる」、「教職に向いてない人は早めに進路変更ができる」、「教員採用試験に役立つ」（以上、視学官長）といった実用的なメリットも指摘された。

学校にとってのメリットは、「報告書」において取り上げられていない部分である。校長からは「若い人の教育観を知ることができる」こと、および「教員とEAP生とを組み合わせることにより、今までとは違った新しい方法で教育ができる」ことが、チューター教員からは「教員と生徒との中間的存在は、学校や生徒にとって様々なメリットがある」ことが示された。学校におけるEAP生の存在が刺激になることに加えて、教育方法の可能性拡大という形での効果が認識されている。

「報告書」では、EAP制度を「必要な経済的支援を提供し、望んでいる活動をできるようにすることで、職業選択を後押しし、段階的に教職に入ることを可能にするものである。かくして、この有給の活動が、学生たちの学習を意味づけし、意欲を起こさせるのである」と総括している。上記の訪問調査の結果、さらに「EAP生はモチベーションが高い」とする校長の評価から、この総括は現場の実感と一致していることがわかる。

次に問題点については、第１に、EAP制度は運営が難しいことが「報告書」において指摘されている。EAP制度には様々な関係者が存在し、先に示したような役割分担をしている。教職への段階的力量形成の手段として有効に機能させるには、これら関係者間の連携やコミュニケーションが重要となるが、実際にはそれが上手くいっていないとされる。訪問調査では、チューター教員からは大学区事務局による支援不足が指摘された。視学官からチューター教員へ

の指導・助言は特になく、チューター教員からEAP生への指導・助言等は自ら工夫して行わなければならない。また、調査対象のEAP生によると、大学からは事務連絡があるのみで、内容に関わる支援等は行われていない。この他にも、校長から契約や管理といった事務手続きの煩雑さが問題点として指摘された。校長は雇用者であるので、EAP生と契約を結び、管理責任を負うことになる。予算は国から支出されるが、学校が雇用している形になるので、会計上の帳簿が1つ増えることになり事務作業の負担が増すことになる。

　第2に、地域・学校種・教科によって充足率に大きな差はあるが、全体として定員の充足がなされていないという問題を抱えている。定員が充足されない理由はいくつか有るが、資格の厳格性、大学−配属校間の移動の問題、大学での学業との両立困難などが考えられる。このうち資格の厳格性が最も重大だとされている。EAP生は奨学生であることを資格要件とするので、そうではない教職志願者は相対的に経済的に恵まれていなくても対象とはならない。また、奨学生の資格の有無は年度ごとに変化しうる。すなわち奨学金受給要件を辛うじて満たしている場合、次年度に収入が若干増えただけで奨学生の基準を満たさなくなって資格を失うこともある。そうすると連動してEAP生の資格も失うことになる。EAP生は1年契約なので、次年度は契約できなくなる。訪問調査時にEAP生を奨学生に限定することについて問うたところ、「平等性の観点から一定の基準が必要であり、それを奨学金受給資格とした」（総視学官）との回答であった。

　第3に大学の関わり方については、「報告書」はEAP制度に対する大学側の認識が高いとは言えず、EAP制度の趣旨や意義に対する理解が十分ではないとしている。大学の担当部局が中心となってEAP生有資格者への事務連絡が行われているが、その認識の度合いが関係学生への情報提供や支援の積極性に影響すること、また、申請書類への意見付与や活動の学修認定における大学の消極的姿勢等が指摘されている。さらに、EAP生としての勤務の大きな阻害要因の1つが大学での学業とEAP生配属校の業務との両立である。これについては、大学側で授業に関する調整がなされることはまずない。配属校側で調整を行うか、それが難しければ断念するか、あるいは大学の授業を欠席するかということになる。

（2）見習訓練制度としてのEAP制度

　「報告書」においては、これら課題を踏まえてEAP制度の改革提言もなされ

ている。それは、明らかになった課題に対応するもので、情報提供のシステム化、関係者間のコミュニケーションの充実、教員養成へのいっそうの組み込み（単位化や大学内での位置づけの明確化の検討）、資格要件の緩和による候補者の拡大などである。これら提言を取り入れる形で、EAP制度は2016年より見習訓練制度（apprentissage）への移行という形で制度変更がなされた。

　紙幅の関係で詳細は先行研究に譲るが、見習訓練制度とは、教育機関での教育と職場における実地訓練を組み合わせた交互教育により、職業資格の取得をめざす制度である。中等教育レベルを中心に展開されてきたが、1990年代あたりから高等教育段階にまで拡大している。また、実地訓練が行われる職場は民間企業だけでなく、公的機関の場合もある。見習訓練は労働契約であり、訓練生は他の従業員と同等の権利を有し、その賃金は年齢や経験によって定められる。また、訓練生にはチューターが指導にあたらなければならない[17]。

　EAP制度は、見習訓練制度への移行後、「教員見習生」（étudiant apprenti professeur）制度と名称が変更になった（ただし略号は"EAP"のまま変更無し。以下、区別が必要な場合、引用を除き「新EAP制度／生」）。フランス政府の公式サイトでは、新EAP制度について、「教員見習生（EAP）は見習訓練契約を享受する。それは、大学での教育と将来の教員が配置される教室での交互教育を可能にする。この契約は、一定数の学生に対して、職業志向の教育を受ける可能性、そして報酬を受け取る可能性を提供する。この見習訓練契約は、学業への資金提供という支援を行い、学生たちが教員採用試験に合格できるようにすることを目的としている」[18]と説明されている。力量形成、経済的支援、人材確保といった制度変更前と同じ要素が見られることから、趣旨は同じと考えてよかろう。以下、新EAP制度における支援内容と条件整備・実施体制とについて見ていこう。

　まず、支援内容の育成面については、新EAP生は教員採用試験を受験する職業計画がある者を対象としている。その任務は旧EAP制度のそれと概ね同じで、チューター教員の指導の下での業務（観察、ティーム・ティーチング、

17　夏目達也「職業教育」フランス教育学会編『フランス教育の伝統と革新』（大学教育出版、2009年）、村田弘美「フランスの実践型人材養成システム―見習訓練制度のしくみと実際」リクルートワークス研究所編『Works Review』vol. 6 （2011年）、132-145頁。

18　Le site officiel de l'administration française：https://www.service-public.fr/particuliers/vosdroits/F24439（最終確認日：2018年3月13日）

指導付実践など）であり、チューター教員と大学との緊密な連携の下でそれら
が進められることが期待されている。週に半日勤務を2回行うが、何曜日のど
の時間帯かは配属校と大学の都合による。支援内容の経済面については、報酬
額は889.09ユーロから1180.39ユーロで、年齢・学年等によって異なる。募集対
象となるのは、中等教育では数学、文学、英語、ドイツ語の各教科、初等教育
ではアミアン、クレテイユ、ギアナ、ランス、ヴェルサイユの各大学区におけ
る経済的支援の必要な教員志望のL2・L3の学生（原則として契約調印時に26
歳未満）であり、教員が不足している教科・大学区に限定された形になってい
る。また、社会的基準奨学生に限定はされなくなったことは大きな変更点であ
るが、同奨学生に優先権は与えられることとなった。「社会的不平等を軽減す
るために若者の入職を奨励することをめざしている」[19]ためである。

　次に、条件整備・実施体制については、大きく変更されることとなった。新
規採用分については、見習訓練として新EAP生を1,100人採用することとなっ
た。ただし、制度変更前に契約した者は、移行措置として旧EAP生として契
約継続可とされた。契約に際しては見習訓練契約に調印することとなり、有給
での育成がなされる。契約期間は学士教育課程の残り期間と同じ（L2生なら
2年間、L3生なら1年間）となった。労働法典の任期付見習の法的地位となり、
休暇等の労働者の権利を得ることになる。ただし、その一方で採用されると奨
学生としての身分ならびにそれに附随する権利を失う。

　関係者の役割分担等にも整備や変更がなされ、明確化も図られている。大学
はEAP生の特別の地位を考慮して、職業準備教育の一環として学士課程の中
で学修認定を行うこととなった[20]。また、大学区によっては新EAP生選考にお
いて大学が事前の書類選考を行う形をとり、より積極的な関わりを求めてい
る[21]。雇用者は校長から大学区総長へと変更になり、大学区事務局は引き続き

19　Ministère de l'éducation nationale：http://www.devenirenseignant.gouv.fr/
　　cid98882/l-apprentissage-une-autre-voie-pour-devenir-enseignant.html（最終確認日：
　　2018年3月20日）

20　旧EAP制度下でも法的に可能ではあったが、実際にはほとんど行われていなかった。
　　制度変更後、例えばパリ第3大学ではEAP生としての活動にECTS2単位が認定され
　　ている。http://www.univ-paris3.fr/bz6eap-etudiant-apprenti-professeur-eap--325168.
　　kjsp（最終確認日：2018年3月29日）

21　Académie de Bordeaux, "Etudiants apprentis professeurs：campagne de
　　recrutement 2016/2017".

新EAP生の選考、配属校の決定、チューター教員の任命等を行う。校長は雇用者ではなくなり、新EAP生の業務の指導・編成を行う。チューター教員は新EAP生の指導・助言に加えて、大学との連絡調整を行うこととなった。教員経験３年以上であることが条件で、最大２名の新EAP生を担当する[22]。

4．新旧EAP制度変更の比較分析

　導入から３年を経た時点でEAP制度は前節で示したように制度変更がなされた。以下、大きく変更になった点、変更が少なかった点などを改めて整理することにより、その利点と問題点を明確にしておきたい。

（1）支援内容の変化
　まず、支援内容のうち育成面についてみると、制度変更前後とも教員志望の学生を対象とし、教員採用試験の受験を条件としていることに変化はない。また、学校での活動内容も、観察、教育補助業務（個別指導、ティーム・ティーチングなど）、指導付実践などを、チューター教員の指導・助言を受けながら実施していく点も変わりがない。大きな変更点はM1生が対象から外れたので[23]、評価への参加が無くなったことである。このように支援内容の育成面での変化が比較的少ないのは、EAP生の活動内容自体に問題が少なかったことが考えられる。先に示したように、育成面での高評価は関係者間で一致している。
　経済面については、報酬額が属性によって異なるので一概には言えないが、概ね制度変更前のレベルと同等かそれ以上となっている。勤務時間が短くなっていることを考慮すると、むしろ報酬としては実質増額といえるだろう。報酬額の過不足等の問題は、「報告書」においても訪問調査においても言及されていないことから、変更は見習訓練制度の基準に沿って設定されたことによるものと考えられる。支援内容の経済面に関しては、「報告書」においても訪問調

22　Circulaire du 1er octobre 2015 relative à la mise en œuvre du dispositif des étudiants apprentis professeurs.

23　Ｍ１はEAP制度による経済的支援も受けられなくなったが、この点に関する議論や批判は管見の限りない。おそらくは社会的基準奨学金が受給可能であるためと思われる。また、大学区独自の措置として、Ｍ１を対象とする特別の交互教育制度を設けることは可能である（MEN，註19に同じ）。

査においても資格要件の厳格性が解決すべき重要問題ととらえられていた。見習訓練制度への移行とそれに伴って奨学生を資格要件から外すことによって安定的な経済的支援を可能にするとともに、奨学生の優先採用により社会的不平等軽減を目的とした若者の入職奨励という当初目的の維持が図られている[24]。

（2）条件整備・実施体制の変化

　次に、条件整備・実施体制については、支援内容と比べて変化が大きかった。まずは採用枠の縮小である。そして、それ以上に教員が不足している教科（中等教育）や大学区（初等教育）に限定された点が注目される。契約については、見習訓練契約に調印することによって、奨学生の地位は失うものの、労働者の地位と権利を得ることになる。複数年契約も可能になっている。大学、教育行政機関、配属校の役割も変更になっている。大学はEAP生の学修認定を行うことになり、また大学区によっては選考にもより深く関わるようになった。教育行政機関については、校長に代わって大学区総長が雇用契約を結ぶことになった点が大きな変更である。チューター教員は、指導・助言の任務に加えて、大学との連絡調整の役割を担当することとなった。

　「報告書」で指摘された3つの課題のうち、第1および第3の課題、すなわちこの制度に関わる様々な関係者の役割やコミュニケーションに関わる問題は、一定の改善が図られている。活動の学修認定がなされるようになったこと、大学区総長が雇用者となって現場の事務負担が軽減されたこと、チューター教員を大学との連絡調整役として明確に位置づけて大学と現場の意思疎通の円滑化を図ったことなどである。また、勤務時間が週に半日×2回となったことも、大学の時間割との調整が容易になるという点で間接的に改善に貢献しているといえよう。

　第2の課題である定員の充足に関しては、奨学生という制約を無くすことによって、最大の課題とされた資格の問題の解決が図られた。これによって採用候補者の範囲が拡大されるとともに、継続性も確保されることになった。奨学生を優先的に採用するという条件を残すことで、経済的に恵まれない学生を支援するというもう1つの柱との折り合いも付けられている。他方、対象の限定、すなわち中等教育については対象となる教科を、初等教育については対象となる大学区を限定することによって、より教員需要の高い（＝教員が不足してい

24　Ministère de l'éducation nationale.（註19に同じ）

る）部分に教職への誘導機能が重点化された。

　この重点化は、教職全体における段階的力量形成の促進という観点からは教員養成政策に逆行しているととらえることもできるので、評価が難しい。新たな課題が生じたとも言える。フランスの教員養成の課題の１つが、学士課程段階の扱いである。第４章で示したように、教員養成機関で本格的な養成に入る前の準備段階の整備が問題となっている。それを担っているのが教職教育科目群の履修推奨とEAP制度であり、とりわけEAP制度は現場の実態を知ることができるので期待が大きかったが、結果的には規模が縮小された。教員が特に不足する教科・地域における重点的人材確保という面では有効であるかもしれないが、教員養成制度全体の下方向への体系化・整備、段階的力量形成の充実という点では課題を残したといえる。

（3）変更の要否の要因

　以上に示してきたEAP制度の変更を概観してみると、目的や支援内容においては問題が比較的少なく、見習訓練化に伴う変更も少なかった。EAP制度には教職志望の学生（少なくともEAP生）個人にとってのメリットと、社会（少なくとも教育界）にとってのメリットがある。前者はまさにEAP制度がめざしてきた教員に必要な能力の段階的獲得（段階的力量形成）と経済的支援の獲得である。後者は教職における優秀な人材の確保に加えて、学校現場への刺激や新しい教授法の可能性があげられる。これらのうち、最初の３つは制度設計の段階で自覚されていたものであるのに対して、４つめの学校に対する効果については無自覚であった。EAP制度の説明文書でも触れられておらず、訪問調査で明らかになったもので、予定されていなかった副次的効果として位置づけることができる。

　EAP制度には、教員養成の一環として現場で学ぶことにより、舞台裏も含めた教職の理解、教授技術の習得、教職への意思の確認（場合によっては進路変更を含む）といった利点がある。これらは全関係者が共通して評価していた。一方で、学校現場にとっては通常業務に加えてEAP生への指導・助言の業務が加わり、負担増になる点はマイナス要素ととらえられる。しかし、訪問調査からは、学校にとっての刺激や生徒にとっての効果という精神的な要素だけでなく、EAP生を活用して新しい教授法に取り組もうという積極的な姿勢も見ることができた。

　その一方で条件整備・実施体制については大きな変更がなされている。つま

り、目的等は明確であったが、それを実現するための制度設計には問題があったことがわかる。詳細な検討は稿を改めて行う必要があるが、「政策の窓モデル」に沿ってEAP制度をみてみると、この点は理解しやすい。「政策の窓モデル」は政策形成過程の分析に有効とされる理論モデルであり、教育政策の分析にも用いられる。紙幅の関係で概略だけ述べると、このモデルでは、ある政策が実現するには「問題の認識」「政策案の準備」「政治の流れ」の３つが合流する必要があるとする。ある社会問題が認識されたとしても、それによって自然と政策が実行されることはなく、当然ながら当該問題に対処する政策案が用意されなければならない。政策案も適切なものが作成されさえすれば実現するものではなく、それを後押しする「政治の流れ」なくしては成立しえないとされる[25]。

EAP制度の場合、「問題意識」については教員不足や計画的養成、段階的力量形成の必要性などが従前から重要課題として議論がなされ、強く認識されていた。その中でオーランド政権の誕生により、その公約に掲げられた若年層の雇用の充実という全体政策が展開された。かくして「政治の流れ」が登場し、それに乗る形でEAP制度が成立した。しかし、EAP制度には前身となる制度ないしは政策が存在しておらず、同政権が「将来のある雇用」政策の展開を打ち出してから急きょ作成されたものであった。その意味では「政策案」は予め準備されていたのではなく、いわゆる突貫工事で作られたものである。問題意識は元々あったため目的や内容は一定の水準を確保できたが、政情の変化に対応して拙速に制度設計が行われたため、運営面を中心に多くの問題を生じたと考えられる。

とはいえ、機を逃すとこの制度が成立した保障はなく、実施内容に各方面から評価が高いことから、「将来のある雇用」政策の流れに乗る形でEAP制度を導入したこと自体は間違いではなかったと考える。導入の時点から評価・検証に基づいて必要な修正を加えることが予定されており、問題の多かった条件整備・実施体制において、資格要件、大学の関わり、配属校の事務負担、大学での学業とEAP生の業務との両立などについて、一定の改善が図られた点はむしろ評価できよう。

---

25 「政策の窓モデル」については宮川公男「政策科学入門（第２版）」（東洋経済新報社、2002年）において詳しく説明されている。

5．教員養成の前段階に関する近年の動向：EAPからプレ力量形成事業へ

　EAPは、前章で言及した教員養成制度改革の一環として、2019年度からプレ力量形成事業へと改組された。2019年7月に成立した「信頼できる学校のための法律」により、教育法典にINSPEでの教員養成を補う3年間の育成活動に関する規定が加わった（第L625-2条）。これに基づいて実施されることになるプレ力量形成事業においては、教員志願者は教育補助員の資格で学校に関わることになるが、同法はこの教育補助員の業務が段階的に付与されることも規定している（第L916-1条）。

　プレ力量形成事業の目的は既に冒頭で示したのでここでは省略するが、以下に具体的な内容について紹介しておきたい。プレ力量形成事業において、教員志望の学生は、学士課程L2からINSPEのM1までの3年間にわたるプレ力量形成契約を結ぶことにより、教育補助員として給与を得ながら、大学での学習とチューター教員の指導の下での学校現場への参加とを交互に行うことで、教員としての段階的力量形成を行う。この活動により、L2で60ECTS、L3で120ECTSを取得できる。

表6　プレ職業化事業の業務内容（学年／学校段階別）

	初等教育	中等教育
L2	・見学およびチューター教員の責任下での一部教育参加（intervention） ・宿題支援への参加	・見学およびチューター教員の責任下での一部教育参加 ・「宿題終わった」事業の一環としての宿題支援への参加
L3	・教育活動（とりわけ補習教育活動）への参加 ・見学およびチューター教員の責任下での一部教育参加 ・場合によっては宿題支援への参加	・個別付添指導（生徒の学習・向上能力の援助および教科横断的教育実践）への参加 ・チューター教員の責任下での一部教育参加 ・教育コース（parcours）への参加 ・「宿題終わった」事業の一環としての宿題支援への参加
M1	・補習教育の継続的担当（教員の代役） ・場合によっては宿題支援への参加	・補習教育の継続的担当（教員の代役） ・教育コース（parcours）への参加 ・「宿題終わった」事業の一環としての宿題支援への参加

プレ力量形成契約を結ぶ条件は、L2に登録している学生であること、教員採用試験を受験する予定があることの2点である。ただし募集は、初等教育教員志願者の場合は特定の大学区（アミアン、クレテイユ、ギアナ、リール、リモージュ、リヨン、ランス、ルーアン、ストラスブール、ヴェルサイユ）に、中等教育教員志願者の場合は特定の教科（独語、英語、現代文学、数学）に限定される。

　教育補助員は授業期間中に週8時間学校に勤務し、**表6**のように学年ごとに異なる業務を遂行する。初年度（L2）にクラス見学や宿題支援などに関わることから始まり、2年目（L3）には加えてチューター教員とともに教育に関わるようになる。さらに3年目（M1）になるとチューター教員の指導の下で自律的な形でのクラス担当（補習教育）が行われるようになる。業務は学年が進行するにつれて高度化する形になっており、段階的力量形成が期されていることがわかる。

　プレ力量形成契約は、学生と学生が配属される学校とによって調印が行われる。ただし、採用を行うのは大学区である。給与は学年によって異なっており、L2で693ユーロ、L3で963ユーロ、M1で980ユーロである（月額／手取り）。給与は社会的基準奨学金と併用可能であるが、奨学金の等級によって調整が行われる[26]。

26　Ministère de l'éducation nationale, de la jeunesse et des sports, *Devenir enseignant: une meilleure formation initiale et des parcours plus attractifs pour entrer dans le métier* (2020). Ministère de l'intérieur, "Qu'est ce que la préprofessionnalisation pour étudiant apprenti professeur ?", 2021. https://www.demarches.interieur.gouv.fr/particuliers/qu-est-preprofessionnalisation-etudiant-apprenti-professeur （最終確認日：2021年8月15日）

VII　フランスにおける教員の研修

VII. フランスにおける教員の研修

1. 教員の研修をめぐる状況

　今日の我が国の教育界では、教員の大量退職期を迎え、それと連動して若手教員が大量採用される一方で、管理職や学校運営を実際にリードする豊富な知識や経験を有する教員の不足が懸念されている。他方で、いじめ、不登校などの重大な教育課題を抱えており、従来の方法では教育活動や学校運営が困難な状況に陥っている。変化の激しい社会においては、今後このような厳しい状況が急速に改善するとは考えにくく、むしろ悪化することが懸念される。このような状況の中で、現場の教員も絶えず研修に努め、教育問題に対するより深い理解や、より高度な教育技術を身につける等、新たな教育課題に対応できる態勢を整えることが必要とされている。そのため、もちろん優秀な若手教員を養成することも重要ではあるが、同時に教員の研修がこれまで以上に重要な課題となり、大学と教育行政が連携した研修が求められるようになっている。

　フランスにおいても、教員の大量退職期を迎える一方で、我が国に見られるような教育問題（学習困難、学校不適応、校内暴力など）が存在しており、これら事象に対する教員の理解や対応が求められている。また、これら教育問題とも関係して、新たな教育方法・技術（最新の教育機器の活用も含む）の習得も求められている。これらの要請に応えるために、フランスにおいては、教員養成機関（現行ではINSPE）と教育行政（大学区）との連携を中心に教員の研修が展開されている。

　しかしながら、日本におけるフランス教育の研究において研修が研究対象とされることは少なく、教育制度の紹介の中で制度の概要や法的枠組等について言及がなされるにとどまっている[1]。これらはたいへん有益な情報を提供してい

1　主な文献として、フランス教師教育研究会編『フランスの教員と教員養成制度―Q&A（改訂版）―』（2004年）、上原秀一「フランス」文部科学省編『諸外国の教員』（2006年）、上原秀一「フランス」大杉昭英研究代表『諸外国における教員の資質・能力スタンダード』（2017年）があげられる。

るが、フランスにおける研修の実施方法等の詳細やそれが抱える課題等については十分な解明に至ってはいない。また、フランスにおいても、教員養成に関する研究は数多く存在するものの、研修に言及するものは必ずしも多くはなかった[2]。過去10年程度をみても、視学官等による報告書類は出されているが、研究としては少なく、教員の養成と研修における大学区の役割について論じるもの[3]や、中等教育教員の養成と研修が教育実践に与える影響に関する研究[4]などが散見される程度である。ようやく近年になって、後述する全国教育制度研究センター（Centre national d'étude des systèmes scolaires：以下、Cnesco）による広範な研究[5]が行われたが、全体としては周辺的なテーマである。

　このような状況をふまえ、本章においては、フランスにおける教員の研修について、その制度について整理し、特徴的な点および課題を明らかにする。具体的には、まず、基礎的な事項として研修の法的位置付けと体制を概括し、次いでフランスにおける教員の研修の中心である大学区研修計画（PAF）に基づく研修について、クレテイユ大学区の事例を中心に分析を行う。さらに、近年における研究成果や改革提言等の検討もふまえて、フランスにおける教員の研修の特徴ならびにそれが抱える課題を明らかにする。

2　2000年代前半までのフランスにおける教員の研修に関する主な研究や調査報告書等については、拙稿「フランスにおける教員の現職教育―クレテイユ大学区の中等教育教員研修を中心に―」『大阪教育大学紀要（第Ⅳ部門）』第56巻第2号（2008年）参照。

3　Gérald Chaix,"La formation des enseignants : enjeux et défis pour les academies", Association Française des Acteurs de l'Éducation, *Administration & Éducation*, N° 144, 2014, pp.73-78. ここでは、教員の養成と研修における大学区の役割が論じられており、国の指示待ちではない大学区レベルで研修の奨励、若手教員のサポート、現場（学校・教員個人）のニーズを踏まえた研修や支援の実施等の必要性が指摘されている。

4　Amélie Duguet et Sophie Morlaix, "Rôle de la formation des enseignants du second degré sur leurs pratiques pédagogiques", *Recherche en éducation* 44, 2021, pp.130-148. これは、中等教育教員の養成および研修が教育実践に及ぼす影響を、TALIS調査のデータの2次分析により明らかにした研究である。研修に関しては、長期にわたって研修を受けることが教育実践にプラスの影響を与えること、そのため研修に参加しない教員が多いことは重要な問題であることを指摘している。

5　Centre national d'étude des systèmes scolaires (Cnesco), *Conférence de comparaisons internationales: dossier de synthèse*, Paris, 2020.

2．フランスにおける教員の研修の法制度的枠組

（1）フランスにおける教員の研修の法的位置付け

　フランスの公立初等中等教育の学校の教員は国家公務員である。1983年7月13日付「公務員の権利および義務に関する法律」（Loi n° 83-634 du 13 juillet 1983 portant droits et obligations des fonctionnaires）の第22条では、「生涯にわたる職業研修に対する権利が公務員に対して認められる」と規定されており、教員の研修は公務員の権利として認められている。また、「雇用者が研修の費用を負担する」こととなっている（同法第22条の4）。

　2007年10月15日付「国家公務員の生涯にわたる職業研修に関する政令」（Décret n°2007-1470 du 15 octobre 2007 relatif à la formation professionnelle tout au long de la vie des fonctionnaires de l'Etat）においては、国家公務員の研修の目的や中期計画の策定について規定されている。研修の目的については「利用者の要求の充足と業務の使命の完全な達成のために、キャリア全体を通じて付託される職務を最も効果的に遂行する能力を与えること」（第1条）とされており、職務遂行能力の向上をめざすものであることがわかる。また、研修自体については「公務員の動機付けを促進する」（第1条）ものでなければならないとされている。一方の中期計画については、「各大臣は、職員の代表組織との協議を経て、その管轄または管理下にある公務員の中期的な研修方針の文書を作成する」（第31条）と定められており、教員の研修に関しては現行体制では国民教育・青少年・スポーツ相が中期計画を定めることになる。

（2）フランスにおける教員の研修体制

　フランスにおける教員の研修は、①大学区によるPAFに基づく研修、②MENによる全国研修計画に基づく研修、③各種団体・教育機関・研究機関が実施する研修の3種類に大きく分類される。これらのうち、教員の研修の中心となるのは研修予算の8割を占めるとされるPAFに基づく研修である[6]。

　PAFによる研修は、大学区総長が毎年作成する「大学区研修計画（PAF）」に基づいて、各大学区のINSPEが実施することになっている。ここで、大学区

6　上原秀一、前掲書（2006年）、150頁、フランス教育教師教育研究会編、前掲書、61頁。

総長は、MENの基本方針を考慮するとともに、研修に対する教員のニーズを分析し、研修の基本方針、達成すべき優先目標、対象教員の種類、計画実施スケジュール等を決定する。一方のINSPEは、大学の協力などを適切に調整しつつPAFを実施することとなっている[7]。

　この現行研修体制が敷かれたのは1998年である。それ以前には、教員の研修はMAFPEN（大学区教育職員研修局）によって行われていた。しかし、1998年3月12日付「初等中等教育教員および生徒指導専門員の研修方法の変更に関する通知」（国民教育大臣通知：Lettre du 12 mars 1998 sur l'évolution du dispositif de formation continue des enseignants du 1er et du 2nd degrés et des conseillers principaux d'éducation）により、研修の実施は、当時教員養成機関として新設されたIUFMが行うこととされた。同通知によれば、その理由は「教員および生徒指導専門員の養成と研修とをより緊密に結びつけること、その大学的側面を強化すること」とされている。より具体的には、制度変更の目的として、①養成と研修との接続による専門能力の段階的習得、②先端の研究を取り入れた研修への大学の関与の強化、③初等教育教員と中等教育教員の研修の近接化、④大学教員と初等・中等教育教員の多様性と相補性による研修内容の充実、⑤座学と職業実践との接続による教育現場の要求への応答、⑥IUFMにおける多様な人的・物的資源のある教育環境の恒常的な提供の6点が示されている[8]。

　さらに同通知は、大学区総長と教員養成機関（IUFM）の責任関係を以下のように規定している。まず第1に、大学区総長は、「その管轄下の職員に関する管理行為全体（実習開始の許可、通知、旅費の支払い等）の責任者」であり、その役割は「教職員の需要の分析を行い、現職研修の方針を決定し、達成すべき優先目標、対象者のタイプ、計画実施の日程を定める」こと、「計画の評価手続きを定め、それを実行する」こと、「研修が適切な教育の進行を妨げないように留意する」ことである。第2に、教員養成機関の役割は、「大学区総長と連携して、大学区レベルで決定される目的と優先事項に照らして、研修の体制と方法を決定する」こと、「様々な研修活動を行う講師を選考し、このために必要であれば管轄する機関や組織（大学、その他の高等教育・研究機関等）

7　上原秀一、前掲書（2006年）、150頁、上原秀一、前掲書（2017年）、29-30頁。

8　詳細は、拙稿「フランスにおける教員の現職教育—クレテイユ大学区の中等教育教員研修を中心に—」『大阪教育大学紀要（第Ⅳ部門）』第56巻第2号（2008年）参照。

表７－１　クレテイユ新規大学区計画の４基軸

基軸１：自律性と流動性の条件である知識を全員が習得・共有すること 　優先事項１：基礎知識によってあらゆる学習へのアクセスを開くこと 　優先事項２：格差縮小のために全児童生徒を向上させること 基軸２：成功へ軌跡を描くために関係者を１つにすること 　優先事項１：児童生徒を全人的に理解するために家族と対話すること 　優先事項２：具体的な経験によって将来の職業計画を立てるよう各児童生徒を導くこと 基軸３：児童生徒が世界に開かれるようにすること：市民性・文化・スポーツ・国際的流動性 　優先事項１：共和国の価値を共有しながら教養があって連帯する市民を育成すること 　優先事項２：全児童生徒に文化・芸術・スポーツ・国際性の経験をさせること 基軸４：自律性の強化とより柔軟な流動性によって仕事における職員の生活の質を向上させること 　優先事項１：大学区内でのキャリアの魅力を高めること 　優先事項２：個人の期待と組織の要求を両立させながら育成すること

と協定を結ぶ」ことである。第３に、両者ともに関係することとして、「大学区現職研修計画の構想とその実施との一貫性および調和は」、各段階で大学区と教員養成機関とが「協力して確保する」ものとされ、「双方の職務と責任の配分に関する合意は４年契約により規定される」こととされた。

（３）大学区研修計画（PAF）による教員の研修の概要

　PAFは、MENの教育政策や大学区内の実情・課題を考慮して、実施すべき研修の種類や内容、実施方法の決定等を行うものである[9]。PAFの作成においては、研修の基本方針とともに、達成すべき優先目標を定めることとなっている。例えば2021-2022年度のクレテイユ大学区のPAFを例に見てみると、2019〜2022年度のMENの研修の３基軸、すなわち「教育制度内での位置づけ―国家公務員として職業環境に身を置くための制度に関する教養または教職の共通基礎の習得―」、「職業実践の習得と改善―教職の進化への適応―」、「職業上の進化に対するサポート―職能の向上、とりわけ流動化の一環としての職業コース・養成コースの多様化―」[10]、ならびに、表７－１にある2024年度までの新規大学区計画（projet académique）における４つの基軸およびそれぞれについ

9　フランス教師教育研究会編、前掲書、61頁。

10　Ministère de l'éducation nationale de la jeunesse et des sports, "Schéma directeur de la formation continue despersonnels de l'éducation nationale - 2019-2022" (2019).

ての２つの優先事項、さらには研修のデジタル化の方針を踏まえて作成されている。その目的は、「全教職員に対して、教育制度上の課題の理解と全児童生徒の成功に不可欠な職能開発を促進すること」であり、そのために「各教職員の個人の資質向上を支援すること」および「集団計画の拡充を促進すること」を目標として掲げている[11]。ここでいう集団計画には、後述する「学校協議支援」（aides négociées de territoire：ANT）制度も含まれる。

　PAFに基づく研修の規模については、やや古いデータではあるがMENが実施した全国調査によれば、のべ研修日数は初等教育・中等教育とも約90万日、中等教育については関係教員の約半数、初等教育については約３分の１が研修を受けている（2004 ～ 2005年度）[12]。近年のものとしては、必ずしもPAFに限定されるものではないが、初等教育教員の約７割、中等教育（中学校）教員の約５割が過去１年間に研修に参加したというデータがある[13]。

3．大学区における教員の研修—クレテイユ大学区の場合—

　さて、次に、研修の実際の運営等について、同様にクレテイユ大学区を例に、具体的に見ておきたい。

（1）研修年間スケジュール
　まず、研修のスケジュールをみていくことにする。大まかな流れとしては、１月に研修の大枠を記した「研修要項（cahier des charges）」が作成され、それをもとに２月に講師の募集が行われる。３月には希望者の回答を受けて講師の選定が行われる。そして、４～５月にかけてPAFを作成、６～７月頃にPAFが公表され、受講希望者は９月中旬頃までの期間に登録を行う運びになる。

　PAFによる研修の企画立案作業は前年度の９月頃から開始される。すなわ

11　Division académique de la formation et du développement professionnel de l'académie de Créteil, "Lettre de cadrage: cahier des charges du plan académique de formation 2021-2022".

12　Ministère de l'éducation nationale, de l'enseignement supérieur et de la recherche, Direction générale de l'enseignement scolaire, "Résultats de l'enquête nationale année scolaire 2004-2005", publié le 01 décembre 2006.

13　Cnesco, *op.cit.*, p. 8 .

ち、開始の1年前から準備が行われるのであり、実施の1年間と合わせると2年間で1サイクルとなる。「研修要項」作成の前段階として、大学区において研修の需要分析ならびに優先事項の決定作業が9月頃に開始される。これは、全国的優先事項や大学区の優先事項、前年度受講生の評価、教員有志を含む研修ニーズの勉強会などをもとに行われる。

　研修講師の募集については、クレテイユ大学区の場合、募集の対象となるのは、大学区の養成指導教員、大学教員、博物館等職員、大学区の諸センター職員等である（特殊な内容の研修については企業などに募集案内を送る場合もある）。実際には講師を依頼する場合も多く、講師の約6割は養成指導教員が担当している。講師の選定作業に加えて、セッション数、研修期間、運営方式、量の検討などについて大学区とINSPEの間で調整が行われ、PAFの最終決定がなされる。

　PAFが公表されると、研修受講を希望する教員はその旨を校長に申し出ることになる。というのも、研修の登録には校長の許可が必要だからである[14]。研修は毎年受講できるし、1年間に受けることのできる回数に法的に制限はないが、研修で不在になる分の授業を代行する教員を用意する必要があるため、1人につき年1回の研修が認められるのが相場となっている[15]。研修に出る教員数を減らすため校長が認めないことも少なくない。研修の受講は基本的に教員の希望によるものであるが、新しい教育プログラムの実施や実験的なプロジェクトの実行などに関連して、視学官から指名されて研修を受ける場合もある。

　希望者が少ない研修科目は開講中止になったり、逆に多い場合は選抜が行われたり、追加になったりすることもある。研修の最後にはアンケート調査を実施して評価を行っている。この結果は翌年度のPAF作成の際に参考とされる[16]。

（2）大学区研修計画（PAF）による教員の研修の方式

14　小学校および幼稚園の教員の場合は、校長ではなく、国民教育視学官の許可が必要となっている。上原秀一、前掲書（2006年）、150頁。

15　拙稿、前掲書、137〜138頁。

16　Division académique de la formation et du développement professionnel de l'académie de Créteil, *op.cit.*, 拙稿、前掲書。

　研修の方法は、対面、オンライン、ハイブリッドの３種類の方法で行われている。クレテイユ大学区の場合、2019年度については対面が87％、オンラインが８％、ハイブリッドが５％となっていたが、2020年度についてはコロナ禍の影響もあり、それぞれ59％、24％、17％となっており、インターネット利用によるものが４割を超えている。前節でも少し触れたように、PAFの作成においても研修のデジタル化の方針が考慮されているが、コロナ禍によって急きょ始められたものではない。MENは2013年度から、初等中等教育教員向けのオンライン研修プラットフォーム「M@gistere」を運用している[17]。現在では、年間25万人以上の教員に約400種類の研修プログラムを提供しており、MENの全教職員が自由に登録できるようになっている[18]。

　実施形態についてみると、実習（12 〜 18時間）、教育ワークショップ（１時間〜１時間半）、コース（36 〜 54時間）、セミナー（３〜６時間）、ウェビナー（２〜３時間）、ANT（15時間）、と多様である。これらのうち、実習は「個人の要求に対応するピンポイントの研修」、教育ワークショップは「教育問題について教員間での交換を促進する短時間研修」で「受講者から出される研修要求にピンポイントで応えるもの」、コースは「相互に連関する３つの実習を軸に編成される研修コース」で「大学区計画のテーマに関する知識・能力の獲得・強化を狙いとするもの」、セミナーおよびウェビナーは「研究に関連する短時間研修」と説明がなされている[19]。

　ANTは特殊な形式で、「学校現場の求めによる集団研修計画の支援」、「その職務に関する問題の解決をめざす自発的グループの支援」を行うもので、「学校、ネットワーク、地区の全部または一部の事情に応じてカスタマイズされる」[20]。例えば、学校が抱える課題等についての研修を学校単位で申請することで講師

17　Fabien Soyez, "M@gistere : une plateforme de formation en ligne flexible et interactive".
　　https://www.vousnousils.fr/2015/07/27/mgistere-une-plateforme-de-formation-en-ligne-flexible-et-interactive-566944（最終確認日：2021年８月21日）

18　小島佳子「フランス」文部科学省『諸外国の教育動向2019年度版』（明石書店、2020年）91頁。

19　Division académique de la formation et du développement professionnel de l'académie de Créteil, "Élaboration du futur plan académique de formation 2021-2022", 2021, pp.16-17.

20　*Ibid.*, p.16.

が派遣される。講師派遣をめぐって、大学区・講師と学校の間で研修内容や日程について交渉・協議が行われることから「協議支援（aide négociée）」と称される。双方の希望が合わなければ学校側ないしは講師側が辞退することもあり、そのような場合には新たな講師派遣の交渉・協議に入ることになる。2021-2022年度のクレテイユ大学区（中等教育）の場合、ANTは全体の14％を占めている。

（2）大学区研修計画（PAF）による教員の研修の内容

　PAFにより提供される研修プログラムは、全教職員共通研修、教育関係職員（教科等）研修、横断的研修、管理職研修、事務職員等研修などに分かれる。**表7－2**は、2021-2022年度のクレテイユ大学区の中等教育教職員研修の主要部分について整理したものである[21]。このPAFからフランスにおける教員の研修についていくつかの特徴が指摘できる。まず第1に、教科等に関する研修の多さがあげられる。講座数のレベルでみると、「教育関係職員研修」の講座数は374で全体の54.4％を占めている。国全体でも教科等に関する研修が多い傾向にある[22]。第2に、事務職員や管理職の研修、学校等を単位とする研修（ANT）等も含む総合的計画であるという点である。かくして総合的に教員・職員・管理職等、教育にかかわる全教職員の能力向上が図られている。第3に、表7－2から直接読み取ることはできないが、資格試験用の研修や無免許教員向けの研修がある点である。例えば、同表の「教育関係職員研修」の「英語」領域では、24ある講座のうち3つは内部採用試験[23]受験者向け、2つは無免許教員向けとなっている。このように講座の一定数は、教員免許の格上げを希望する者に対する資格試験用の準備教育研修、教員免許を有さないまま勤務している者に対する職業支援や免許取得に向けた学習支援等の研修として行われている。

21　研修は、中等教育教員は大学区単位で、初等教育教員は県単位で実施されている。

22　初等教育についても教科に関する研修の占める割合が多いというデータが示されている。フランス教師教育研究会編、前掲書、61頁。

23　内部採用試験（concours interne）は現職公務員対象の別枠教員採用試験である。第3章・第5章で紹介した日本の教員採用試験に相当するものは外部採用試験（concours externe）と呼ばれる。この他に民間職業人対象の第3試験（troisième concours）（別枠）もある。上原秀一、前掲書（2006年）、138～139頁参照。

表７－２　クレテイユ大学区PAF 2021-2022年度（中等教育関係）

系	領域	講座数
全教職員共通研修	労働における救急法・健康・安全	28
	職業上の進化に対する支援	3
	職業倫理と職業文化	6
	労働生活の質	4
教育関係職員研修（教科等）	ドイツ語	12
	英語	24
	応用芸術	14
	造形芸術	15
	経済・経営	29
	音楽	12
	体育	17
	スペイン語	20
	地歴・道徳・市民性教育	19
	イタリア語	8
	文学	36
	数学	29
	哲学	7
	ポルトガル語	1
	物理・化学	19
	経済・社会	10
	生物	19
	地学	14
	産業科学技術	15
	産業工学・テクノロジー	18
	教育・学校生活カウンセラー	14
	国民教育心理師	8
	司書教員	14
横断的研修	特別な教育要求のある生徒	15
	共有されるべき職能	17
	市民性教育・予防教育	17
	養成関係者の資質向上	18
	フランス語・言語の習得	3
	教授法・教育のデジタル技術	12
	文化的・国際的開放とパートナーシップ	14
	教育優先ネットワーク	4
テーマ別研修コース		24
ANT		97
管理職研修	事務管理職研修	2
	管理職研修	3
	指導局職員研修	－
	視学官研修	－
事務職員等研修	大学区事務局職員研修	6
	地方公施設法人*事務職員研修	16
	研究室職員研修	8
	保健・ソーシャルアクション職員研修	16

＊公立の中学校・高校はこれに該当する。
出典：クレテイユ大学区HP：https://dafor.ac-creteil.fr/paf2122/menu.php（最終確認日：2021年8月21日）

4．フランスにおける教員の研修の課題と近年における改革提言

（1）近年のフランスにおける教員の研修に関する報告・研究

　ここまで示してきたように、フランスにおける教員の研修は大規模かつ総合的に編成されている。2005年にMENが実施した全国調査の報告書では、9割近い教員が研修の重要性を認識していること、過去3年に研修を受けた教員が約7割に上ること、研修を受けない理由は必ずしもその有用性の否定だけではないこと、教員がPAFによる研修以外の手段でも学習していること、受講した研修の内容を否定する者はわずかであることなど、教員の研修が肯定的であることが示されていた[24]。これらは筆者が行った現地調査の結果と概ね一致していた[25]。

　しかしながら、当然そこには課題も存在しており、近年に出された視学官等による報告書、「初等教育教員の研修に関する公共政策の評価―診断報告書―」[26]（以下、「初等研修」）および「中等教育教員の研修―研修から職能・人材開発へ―」[27]（以下、「中等研修」）や、本章冒頭で触れたCnescoの研究では、むしろフランスの教員の研修は厳しい状況にあることが指摘されている。

　「初等研修」は、国民教育総視学官等による報告書で、現有のデータ分析と関係者へのインタビュー調査とにより、初等教育教員の研修について、研修の

24　Ministère de l'éducation nationale, de l'enseignement supérieur et de la recherche, *Les dossiers : les enseignants des lycées et collèges publics et la formation; interrogation de 1200 enseignants des collèges et lycées réalisée en septembre-octobre 2005*, no.179, 2006, pp.72-83. 拙稿、前掲書、137 ～ 139頁。

25　現地調査は2007年3月7日～10日にかけて、パリおよびパリ郊外のクレテイユ地区において実施した。調査対象者は教員養成関係者（クレテイユ大学区、IUFMクレテイユ校）4名、高校教員3名であり、前者は面接調査、後者は電話インタビューを行った。調査の詳細については、拙稿、前掲書、参照。

26　Inspection générale de l'éducation nationale et Inspection générale de l'administration de l'éducation nationale et de la recherché, *Évaluation de la politique publique sur la formation continue des professeurs du premier degré : Rapport de diagnostic*, 2017.

27　Inspection générale de l'éducation nationale et Inspection générale de l'administration de l'éducation nationale et de la recherché, *La formation continue des enseignants du second degré : de la formation continue au développement professionnel et personnel des enseignants du second degré ?*, 2018.

ガバナンス、研修ニーズへの対応、研修の有効性、研修の管理システムの効率性の４つの観点からその現状と課題を明らかにするとともに、改革提言を行っている。「中等研修」は国民教育総視学官等により出された報告書である。それは、教員の研修に関する過去の報告書の提言が反映されていないこと、教員および学校からは継続的な需要があるにもかかわらず研修量が少ないという逆説的な状況を問題とし、現状を分析するとともに改善のための提案を行っている。Cnescoの研究は、国内外の複数の大学に所属する研究者の協同により行われたものである。それは、管理職も含む教員全体の研修について、統計分析や国際比較（TALIS調査など）などにより現状の分析を行うとともに、それに基づく改革提言を行っている。

（2）フランスにおける教員の研修の問題状況

次に、これら報告書等をもとに、フランスの教員の研修の問題点を整理するとともに、そこでの提言をみることにより、研修の課題と改革の方向性について検討していきたい。ここでは、最も新しく、「初等研修」および「中等研修」についても言及しているCnescoの研究を軸に、教員の研修の問題状況を整理していきたい。その主なものとしては、研修参加率の問題、研修の質の問題、現場の実状との乖離、研修に対する評価の不足、研修に対するインセンティブの不足などがあげられている。

まず研修の参加率については、2010年代に研修が拡充し、とりわけ初等教育教員において研修を受ける教員が大きく増えたが、教員全体に広がるまでには至らず、国際的にみると相対的に低くなっていることが指摘されている（Cnesco、「中等研修」）。初等教育教員は年間18時間の研修義務が課されているので、「初等研修」ではこの問題は強調されていない。他方で中等教育教員には義務的な研修は課されておらず、よく研修を受ける教員とそうでない教員の二極化傾向にある。積極的な教員は職能向上、知識技能の獲得・更新を目的として研修を受けている（「中等研修」）[28]。

---

28 前掲の現地調査の対象教員は、すべて研修に対して積極的な姿勢を見せており、過去に受講した研修について満足していた。その理由としては、第1に、研修が教員の力量形成に役立つことである。教育するために必要な知識が得られるので、研修を面倒と思うことはなく、満足感があるというものである。第2の理由は、講師を選んで参加しており、いわゆる評判の良い講師が担当する研修に参加しているということである。講師の評価は口コミで教員間に広まるので、評価の高い講師が担当する科目を

次に研修の質の問題が指摘されている。これは、一方では上述のように2010年代に量的には一定の充実が見られたため、これからは研修の質を高めることが重要になるというものである。教育実践や児童生徒の成績に対する研修の効果は、少なくとも教員の実感レベルでは限定的であり、効果的な研修を構築することが必要とされている（Cnesco）。

　これらの問題状況の一因として、研修と教育現場（学校・教員）の実状との乖離があげられている。これには、現場のニーズからの乖離と、実施の方法や形態における現場の実状との乖離とがある。前者（ニーズの乖離）については、教育改革の浸透や国の優先事項への対応のためにトップダウン方式で研修が行われており、教育現場における教員のニーズが考慮されず、それと一致していないというものである。そのため、教員が自身のための研修だと認識していなかったり、魅力を感じなかったり、教育行政が研修の内容と方法の更新を怠ってきたと思ったりしている。中等教育教員については期待に合った研修がないから受けないという教員も存在している。義務的研修のある初等教育教員については、強制的な研修は限定的な関心しか生まないため、それが実践に与える影響は限定的である。また、教員は研修ニーズについて問われることはなく、研修について管理職と教員とで話し合いをすることも少ない。さらに、校長が研修の企画・立案に関与することもない（Cnesco、「初等研修」、「中等研修」）。

　後者（実状との乖離）については、まず研修が実施される時間帯の問題がある。授業と研修とを両立させる必要があるので、丸一日かけて行うスタイルの研修は代用教員の確保困難など現実に合っていない[29]。授業後の夕方に行うと

　　受講することになり、研修の内容に対する満足は自ずと高くなるという構図である。第3の理由は、他校の教員との交流ができることである。教員間で様々な教育的アプローチの交流ができること、他の教員が用いる職業実践や自分の日常的教育方法とは異なる観点を知ることができることが研修の収穫と考えられている（拙稿、前掲書、138〜139頁）。また、Gérard Vaysseによれば、教員が研修を受ける主な意義は、①地位の向上、②政策決定や生徒数減少に伴う教員の配置転換、③教員の専門化（心理専門員、特別支援教育関係職等）、④教科の専門的力量の向上の4点である（Gérard Vaysse, Gérard Vaysse, *Les IUFM : analyses et perspectives*, SEDRAP Université, Toulouse, 2001, pp.52-53）。この他にも教員の研修の意義としては、教育改革推進の戦略的役割を担っていることも指摘されている（フランス教師教育研究会編、前掲書、62頁）。

29　現地調査においても研修の受けにくさは指摘された。かつては研修で年に3〜4日程度休むのは問題とされなかったが、教員の第1の仕事は生徒の相手であるとの認識から授業時間外に研修を受けるよう圧力が働くようになっているという。教員が授業

集中力が低くなり効果が低減するし、ワークライフバランスの関係で家庭での義務が果たしにくくなる。ICTの活用においては進展が見られるが、オンライン研修については体系化や個別指導において課題が残っている。また、教員の立場からは研修の情報が不十分でわかりにくいこと、それが期待外れにつながるっていること、研修情報公表後に時間変更が起こったりすることなどの問題もある。

　研修の質とその効果に対する評価が不十分であることも課題とされている。とりわけ初等教育教員については、受けた研修について満足度を評価する機会が無いことが多い[30]。逆を言えば、教育行政側は実施した研修の効果を測定しようとしていないことになる。研修で学んだことが教育実践や学力向上に与えた影響に関する追跡調査は十分に行われておらず、研修の評価と効果測定の整備が遅れているとされる（Cnesco、「初等研修」、「中等研修」）。

　研修に対する教員の消極的な姿勢の背景には、インセンティブの不足があるとされる。研修で学んだこと、そこで習得した知識や技能等に対して、何らかの資格や修了証書が付与されることは稀である。教員のキャリアにおいて、研修の取り組み（それにかけた時間や労力）が評価されることもほとんどない。職能開発を行うような研修も不足している。すなわち、研修を受けることによる教員の個人的なメリットが少ない状態にある。また、個々の教員が受けた研修の管理体制も十分ではない。研修履歴などのデータの不足、研修管理アプリケーションの信頼性の不足、校長へのフィードバックの欠如などの問題が、個人へのフィードバックの不十分さや学校における研修とリンクした教育実践の構築困難などの原因となっている（Cnesco、「初等研修」、「中等研修」）。さらに、PAFなどのMEN系以外の研修を自発的に受けている教員もおり、この種の研修の受講状況は現状では把握困難となっている（Cnesco、「中等研修」）。研修

　時間に研修を受ける場合には、他の教員が代わりに授業を行うか、時間割を変更することになる。後者は生徒に負担がかかるという理由で好まれず、他の教員が代わりに授業を行うのが一般的である。このための調整作業は容易ではなく、それを行う校長が研修に対して消極的になる傾向にある。代替の教員の不在が研修を受けなかった理由となるケースもある。教員の間では「年１回３日ぐらいが研修に対する権利である」という相場が定着しているようで、この範囲であれば構わないという暗黙のルールが共有されている（拙稿、前掲書、138頁）。

30　本章３－（１）で伸べたように、クレテイユ大学区では研修の各講座についてアンケートを取っている。ただし、初等教育教員の研修を担当する同大学区内の県についても同様かは現地調査では明らかになっていない。

リソースの多様化が進んでいる中、個々の教員の職能形成という観点からは効果的・体系的な研修が行われているとはいえない状況になっている。

　これら以外にも、学校等を単位とする集団の研修（学習コミュニティーの形成）の不足、研修担当者の問題（研修講師の不足、力量向上、ネットワークの欠如など）、研究の活用の不十分さ（研修への学術研究の反映の不足、とりわけ初等教育段階に対する研究者の関心の低さなど）、教員養成機関の関与の少なさなども指摘されている。これらのうちとりわけ最後の点（教員養成機関の研修への関わり）はIUFMの時代から指摘されてきた問題である。「初等研修」では、ESPE創設の際に、それが研修を担うには人材不足と考えられていたこと、そのため大学区総長がESPEを研修に深く関わらせず、現状を維持する形で養成に集中させたと分析している。しかしながら、養成と研修の連続性や、研究の知見を反映した研修のためには、この問題の解決が必要であると指摘している。現行の制度に適用すると、研修へのINSPEのより深い関わりが求められることになる。

（3）フランスにおける教員の研修に関する改革提言

　次にこれらの課題をふまえての改革提言について、その概略を示す。まずCnescoは15の提言を行っているが、それらは5つの軸に集約される。第1の軸は研修を受けることの奨励であり、研修時間の確保、研修に対する教員のニーズの考慮、学習コミュニティの形成による集団研修の枠組構築が提案されている。第2の軸は研修システムの構築であり、研修専属の人材育成、校内研修実施者の確保と専門化、研修アプリの開発、体系的な研修評価システムの構築などを内容とするものである。第3の軸は研修への研究の活用であり、大学の研修への関与の促進、研修に関する研究プロジェクトの実施、研究所が支援を行う学習機関計画の策定が提案されている。第4の軸は経験の浅い教員のサポートであり、初任者の支援政策の強化、個別支援やメンタリング・プログラムの実施などを求めている。第5の軸は研修で獲得したスキルの認証であり、研修の可視化、キャリア面談の内容に研修を必ず含めること、研修で向上させる資質能力について学校で共有することが必要とされている。

　次に「中等研修」では12の提言がなされている。その概略を示すと、①教員の職能成長に対するMENの責任の明確化、②研修における教員の特殊性の重視、③学校近隣での研修の実施と学習グループの奨励、④生涯を通じて学ぶことへの動機づけ、⑤管理と手続きの簡素化、⑥研修実施側の認識の向上、⑦目

標達成に最も適した研修方法の追求、⑧研修のシステム化に向けての整備、⑨研修に対する評価の実施、⑩変化を支援する管理職の育成、⑪研修リソースへのアクセスの容易化、⑫研修に対するインセンティブを付与する政策の導入となっており、教員の研修の条件整備を充実させることを求めている。報告書ではこの順で記述されているが、研修を実施する側の意識改革による研修の有効性の向上（①②⑥⑦⑨）、実施体制や環境の整備（③⑤⑧⑪）、教員の意識向上（④⑩⑫）がめざされているととらえられる。

　最後に「初等研修」では４つの観点から提言がなされている。第１に研修の先導で、人材管理としての研修の整備と大学区の役割の明確化に分かれる。前者については、研修における職歴・キャリア・報酬などの考慮、研修に資するキャリアパスの促進（配属・異動における習得スキルの考慮）、研修計画の作成と必要な支援の連動、人材管理に関する管理職研修、視学官等の研修の再考などを、後者については、大学区と県との役割分担、大学区による研修の整備（研修のニーズ把握、システム化、評価、研修実施者の指導と研修、教員養成機関との協力など）などをその具体的内容とするものである。第２に研修のシステム化であり、研修実施者のネットワーク構築と専門化、研修ニーズの体系的収集、個別研修計画ツールの導入、職業経験に基づく研修の優先化、研修への研究の活用、研修後の教育実践の変化の測定、複数校合同研修の促進、放課後研修の禁止が提案されている。第３にルールについて、勤務時間外の研修に対する手当支給、事務手続きの簡素化、研修の成果に対する資格付与やスキル認定が提案されている。第４に管理運営について、実習生の代用教員としての活用（研修を受けやすくするため）、研修管理ツールの刷新とデータの信頼性の向上、キャリアを通じての研修を管理するツールの整備が求められている。

　これらの提言から、フランスにおける教員の研修の改革について大きく２つの方向性を読み取ることができる。すなわち、教員目線の改善（流行の言い方をすれば教員ファースト）と現代化である。前者は、ニーズの把握や研修に対する評価の実施、勤務実態を考慮して研修を受けやすくすること、研修に対するインセンティブの明確化により積極的な姿勢を引き出そうとしていることなどに、それが現れているとみることができる。また、教員個人のキャリア形成の手段として研修を位置づける傾向も看取できる。さらには、学習コミュニティの形成についても言及がなされている。後者は、研修のシステム化、アプリやツールの開発・導入などによる効率的な実施といったことが強調されている点に、それを見ることができる。また、研修における研究の活用が求められたり、

報告書の中では人間工学の知見の活用などにも触れられたりしており、科学的な根拠に基づく研修も志向されているといえよう。

　ただし、これらは本書執筆時点ではあくまでも提言である。これら提言が実際にどの程度政策として実行に移されるのかは、さらには効果を発揮するのかは未知数である。今後の動向を見守る必要がある。

おわりに　フランスにおける教員の
育成策から日本への示唆

おわりに：フランスにおける教員の育成策から日本への示唆

　本書では、日本の教員の育成策の動向を整理し、フランスの教育制度・教員養成制度の基本事項をふまえたうえで、教員養成（教員養成機関における教育）、その上流（教員養成の前段階）、その下流（教員になった後）の３つの点から、フランスにおける教員の育成策についてみてきた。具体的には教員養成制度の改革、教職への人材の誘導策、教員研修に関する考察である。これらをもとに、最後にあらためてポイントを整理し、日本への示唆を考えてみたい。

1．「教員の格上げ」と「研究力と実践力とのバランス」

　過去30年程度の範囲で言うならば、フランスの教員養成制度改革では「教員の格上げ」と「研究力と実践力とのバランス」が主要課題となっていたととらえて良いであろう。日本とフランスでは制度や事情は異なっており、例えばフランスでは学士課程段階での体系的な教員養成は行われておらず修士課程段階において行われていること、学士課程段階で各自の専門分野で学んだ後に２年間で集中的に養成を受ける仕組みになっていること、そもそも教育制度が異なっている（学士課程３年、修士課程２年）ことなどの違いがある。また、修士レベルでの教員養成とはいっても、教職大学院や民主党政権下で構想されていたいわゆる修士レベル化とも異なる。しかしながら、「教員の格上げ」や「研究力と実践力とのバランス」は近年のわが国の教員養成改革論議における教員の高度専門職業人としての位置づけや教員養成の高度化、実践的指導力の涵養に相応する面も多く、一定の知見を得ることができると考える。

　第１に「教員の格上げ」については、1990年のIUFM創設による初等教育教員と中等教育教員の養成の一元化により、とりわけ前者の格上げがなされた。また、新世紀になってからは欧州における高等教育の標準化の影響もあり、2010年には教員の学位要件が学士号から修士号に引き上げられた。この「修士化」により、この問題は形式的には一定の決着を見たとみなすことができる。それが実質的な教員の威信につながるか、そのためにいかに質の高い教員を育成していくかが課題となろう。

この点に関して日本では、1989年の専修免許状新設、2008年の教職大学院開学により養成の一部が修士レベル化されている。また、民主党政権下の中教審答申では教員養成の修士レベル化構想も提示された。現在は学士課程レベルでの教員養成を基本としつつ、教職大学院も活用して、養成・採用・研修の一体的改革で教員の質を高めようとしている。対してフランスの教員養成は修士レベルで行われてはいるが、専ら組織的・体系的な教員養成として行われるのはこの2年間のみである。学士課程3年間まで視野に入れると、そこで提供されているプレ教員養成的科目やプログラムを経験した入学者とそうでない者の間にはレディネスの差が生じ、それが段階的力量形成の進み具合に違いを生むことになる。つまり、レディネスが少ない者ほど短期間で知識技能を身につけなければならないし、養成する側も必要な対応を取らなければならない。教員の段階的力量形成は教員として正式採用された後まで視野に入れられており、INSPEが教員の研修を担当することが期待されている。それがどこまで実質化できるのかが課題である。

　第2に「研究力と実践力とのバランス」の問題は、フランスがとりわけこの数年間にわたり揺れてきた問題でもあり、わが国の教員養成においても重要な論点の1つとなるべきものである。ESPE改革では、引き続き修士号取得を教員採用の基礎要件とし、教育職の格上げ政策が維持されていた。それと密接に関係し、また就職後も自力で様々な課題の解決を図る能力を身につけさせるために、研究力を涵養するための科目等が引き続き設定されている。一方で実践力の向上のために第2学年（M2）の責任実習は再び充実され、配当時間も復活した。このため、とりわけM2の学生は、責任実習、その前後の作業、卒業研究、さらに継続される座学で加重負担となっている。二兎を追う政策のしわ寄せがこの学年の学生に集中する構図となった。そして、これを解消すべく再び制度改革が進行している。

　我が国との関係で言えば、教育実習と教員採用試験の位置関係に大きな違いがある。日本では3回生で本実習、4回生で採用試験を受験するのが一般的なパターンであろう。つまり、時間軸で言うと、教育実習が先で、採用試験が後である。教員免許を取得するには教育実習が必須であるから、採用試験を受験しない者、最初から免許だけ取得して教員になるつもりのない者も教育実習を行うことになる。このことがいわゆる「教育実習公害」と呼ばれる状況を引き起こしているとされる（「公害」と称するのが適切かどうかは疑問ではあるが…）。すなわち、教育意識が不足する多くの実習生が教育現場に負担を与え、

実習校の教員や児童生徒たちを混乱させているという批判もなされている[1]。

　これに対してフランスでは教員養成機関で学んだ後に採用試験を受け、合格した者だけが本実習（責任実習）を行うことができる。すなわち、少なくとも一定の力量があることが証明され、教員になることを希望する者だけが教壇に立つ形になっている[2]。責任実習は、もちろん教員としての実践力の向上をめざすものである。一時期、これが弱体化し批判を浴びたために、IUFMからESPEへの改組時において再び強化された。有給の実習であり、日本流に言うとインターンシップに近いととらえることもできる。

　このような実践力の向上に加えて、フランスでは研究力の向上もめざされている。具体的には１年次および２年次における研究指導の授業と卒業研究である。前者については、「修士化」より前にはこのような科目は設定されていなかった。後者はIUFM設立当初から設定されていたが、質量ともに充実が図られている。設計上両者は連動しており、授業において研究手法を学びながら、卒業研究のテーマを設定して現場で直面する課題を分析することになる。変化の激しい社会において教育界が直面する課題も多様化し、予測できないものが今後も生じてくる可能性が十分に考えられる。そのような状況を踏まえるに、養成段階で将来にわたって生じるであろう現場の問題すべてに対する解決策を身につけさせることはできず、教員自身が実践の中で課題を発見・分析・解決できる能力、すなわち研究力を身につける必要がある。研究力の向上はこのような考えに基づいており、むしろ日本の教育課程の中心的な考え方である「生きる力」と同じ発想といえる。

　ところが近年の日本の教員養成政策においては、第１章でみたように、実践的指導力の育成が突出して求められており、教員に研究力を身につけさせることが強調されているとは言い難い。さらに、文科省のカリキュラム・コンテンツによる事項的統制と教育委員会の人物重視の採用との圧力により、教員養成においては「学問的な見識を教員入職者に確保することの比重は下がらざるを

1　岩田康之『「大学における教員養成」の日本的構造―「教育学部」をめぐる布置関係の展開―』（学文社、2022年）、29頁参照。

2　日本においても教育実習生の絞り込みが検討されたことはあった（詳細は、岩田康之、前掲書、137 〜 138頁参照）。日本でこれを行う場合には、「開放制」の原則といかに折り合いを付けるのかが最大の論点になるであろう。

得ない」とされる[3]。この点は日本の近年の教員養成とフランスのそれとが大きく異なる特徴と言えよう。教育現場の最前線における実践的指導力の必要性は否定しないし、むしろ重要であるとは考える。しかし一方で、フランスの教員養成改革の動向を勘案しつつ、もう少し長期的・大局的な観点で見た場合、「自らの学びを主体的に組み立てる経験を持たない教師が、入職後に子どもたちの主体的な学びを組み立てる素地を持ち得ようはずがない」[4]という指摘は、現行の政策について立ち止まって考えてみる必要性を感じさせる。

2．教職の魅力化と教職への人材の誘導

　次に、フランスにおいて展開されている教職への人材誘導策の成果と課題、そしてそこから得られる知見を改めて整理し、我が国の教員養成制度に対する示唆についても考えてみたい。ただし、先にも述べたように我が国とフランスとでは、教員養成制度もその基礎となる教育制度自体も大きく異なるので、単純に比較することは容易ではない。教員養成の前段階となると、我が国ではその対象は高校生になるが、そこにEAP的な制度を措置することを考えるのは現実的ではない。むしろ、教員養成系学部において途中で教員をめざさなくなる者を減らす、非教員養成系大学において免許の取得だけでなく実際に教員をめざす者を増やすという観点で参照できることを考えてみるのが有効であろう。

　EAP制度は、教員養成の前段階における学びの機会の提供と経済的支援による学業継続の保障とにより、教職への優秀な人材の確保が期されるものである。実際に、EAP制度は、教員になるために必要な知識・経験、動機付けを得られると活動内容への評価は高く、報酬についての不満も管見の限りない。支援内容の観点では有効に機能していると考えられ、このような取り組みの有効性を示しているといえよう。

　そして、金銭的措置が講じられていることにより、EAP生を単に指導する対象としてだけでなく、教育資源として位置づけることにつながっていると考えられる。日本でも、教育実習以外で教職志望の学生がボランティア等として学校現場に入る機会も増えているが、その多くは自治体レベルで、無償か報酬

3　岩田康之、前掲書、159 〜 160頁。

4　岩田康之、前掲書、189頁。

があっても廉価であり、課外の教育活動に関わることが多い。EAP制度は全国レベルで労働政策の一環として行われており、学校内での身分や地位、権利や義務、業務や役割が明確化されている。これにより、いわゆる「お客様扱い」や単なる「雑用係」として使われることを回避しやすくなると考えられる。予算措置の問題は課題として残るが、我が国において一方で奨学金の充実等が重要な教育課題となり、他方で若年者の早期離職が社会問題化する中、雇用政策との連携に解決の糸口を見いだす可能性が、フランスの事例から示唆される。これらの点は、今日検討されている教員養成におけるインターンシップ導入の議論においても参考になると思われる。

　一方で、条件整備・実施体制には多くの課題が見られる。大学・配属校・教育行政機関の役割分担や連絡調整は後に見直され、改善が図られるが、初期段階においては十分に機能せず、組織間の連携協力の難しさを改めて浮き彫りにしている。これについては、フランスの経験から、制度運用を検証する方策を予め組み込むこと、関係者の役割分担や関係の持ち方を明確化し、積極的に関わることができる制度にすることの重要性が理解される。また、制度変更による選択と集中、すなわち人材不足が深刻な部分への重点化は、教員の育成システム全体の体系化・整備、つまり段階的力量形成機能を後退させた形となっている。このことは、人材確保と教員養成の充実とは両立困難になる場合があることを示している。多かれ少なかれ予算には制約があるという現実の中で、いかにこれらを両立させるかという課題を提起している。

　第1章でも少し触れたが、「『令和の日本型学校教育』を担う教師の人材確保・質向上プラン」では、当面の対策としての「教職の魅力を上げ、教師を目指す人を増やす」ことが掲げられている。具体的には「教職の魅力の向上に向けた広報の充実」と「学校における働き方改革の推進、教師の処遇の在り方等の検討」があげられている。後者はともかく、前者については広報の充実だけで教職の魅力が高まるかは疑問である。また、国立教員養成大学・学部、大学院、附属学校の改革に関する有識者会議（以下、有識者会議）の報告書では、「教員志望が高い学生あるいは教員となることが期待される多様な経験や高い能力を持つ学生を、面接等を通じて確認して受け入れ」ること、「高校生を対象とした大学の授業体験の実施や、面接試験等において教員志望度を確認するための有効な方法を開発するなど、アドミッション・ポリシーの明確化等を通じて、将来教員になる可能性が高い学生や、教員となることが期待される多様な経験や高い能力を持つ学生等を入学させる仕組みを導入すること」が提案されてい

る[5]。これらのうち授業体験は興味をもってもらう可能性も期待できるが、他は
どれだけ有効かは甚だ疑問である。アドミッション・ポリシーを明確化するに
しても、面接で選抜するにしても、そもそもそういう人材が受験してくる／教
職を選ぶとは限らない。もちろんこれらは「当面の対応」であって、今後より
有能な人材を教職に誘うことのできる実のある対策が講じられると思われる。
その際に第6章で紹介したフランスの取り組みは参考になるのではないだろう
か。

3．教員の研修の充実

　第1章でみたように、日本では教員の育成策が継続的に議論され、様々な改
革がなされてきた。研修に関しては、指標およびそれに基づく研修計画の策定、
それらを協議する場の創設など、近年において一定の制度的整備が図られつつ
ある。今後はその内実、有効性がよりいっそう問われることになろう。また、
免許更新制の発展的解消に伴い、研修履歴の管理をいかに行い、教員の力量形
成や資質向上にどう活かしていくかが、今後の大きな課題になると思われる（こ
のような行政主導の管理主義の動向に異論もあるかとは思うが…）。
　フランスにおける教員の研修には課題も多く、必ずしも上手く行っていると
は言えないかもしれない。INSPEにおける教員養成の課題の1つにその前後と
の関係があるが、研修については養成段階とその後との継続性の問題である。
この点については2005-2006年度から初任研が全国的に導入され、2006年12月
19日付省令によって中等教育教員については当時の教員養成機関であるIUFM
のM2において試補研修を行った大学区を初任地とする等、教員養成機関での
養成とその後の研修との継続性を確保するための一定の措置は取られている
が[6]、その先の研修との関係は必ずしも明確でない[7]。INSPEの教育課程は「教員
に求められる職業的な資質・能力」に基づいて編成されることを第3章で述べ

5　国立教員養成大学・学部、大学院、附属学校の改革に関する有識者会議「教員需要
　の減少期における教員養成・研修機能の強化に向けて」（2017年）14 ～ 15頁。

6　園山大祐「フランス」吉岡真佐樹研究代表『教師教育の質的向上策とその評価に関
　する国際比較研究』（2007年）、127 ～ 128頁。

7　Georges Septours et Roger-François Gauthier, *La formation initiale et continue
　des maîtres*, 2003, p.68.

たが、研修の内容もこれに沿って編成されることになっている[8]。この意味では一定の継続性がはかられていると考えられるが、研修に対する教員養成機関の関与の弱さが継続的に指摘されるなど、実態については今後さらなる検討が必要である。

第7章でみたように、今日フランスでも教員の研修の改革の必要性がより強く認識され、立て続けに改革提言が出されている。フランスにおける教員の研修は当該年度に開講される講座の一覧表が提示され、そのメニューの中から教員が選択して受講することを基本としている。このシステムにおいて、国際的な視点からは総体として研修への参加率が低いこと、とりわけ中等教育教員について研修に対する二極化（研修に対して積極的な教員と消極的な教員）が起こっている。これには複数の要因が存在しているが、大きなものの1つとして、研修が現場の実状と乖離した形で行われていることが指摘されている。それは、一方では研修内容における現場のニーズとの乖離やその把握方法の欠如であり、他方では研修の実施における勤務実態との乖離である。このことをふまえて、ニーズや方法において現場の実状に合うような研修が求められている。

また、インセンティブの不足も研修が教員全体に浸透しない大きな理由としてあげられている。すなわち、教員が研修をうけてもその時間や労力がキャリアに反映されることはないし、研修で獲得した知識・技能にたいして資格等が付与されることもほとんどない。フランスでは教員の昇給に際しては視学官が行う勤務評定の結果が反映される仕組みになっているが、そのプロセスにおいて研修が大きな比重を占めることはない[9]。さらに、視学官と教員のキャリアサポート面談においても、研修が話題となるケースは半分程度である[10]。フラン

---

8 園山大祐、前掲書、132頁。

9 フランスにおける教員の昇給システムにおいては、初等教育については国民教育県視学官（inspecteur départemental de l'éducation nationale：IDEN）が、中等教育については校長および地域圏や県に配置される教科担当の教育視学官が勤務評定を実施することになっており、その評価結果が点数化されて昇給等に反映される。その過程では授業観察と面談が行われ、初等教育教員の場合は教室の環境、教員の作業、児童のノート、学級運営等が、中等教育教員の場合は教授能力、生徒の態度、教員の態度、教員の学術・技術レベル、単元の準備、教授戦略、教授方法、校内における職務責任等が視察および面談の基準となる（園山大祐、前掲書、119〜126頁）。勤務評定制度および視学官制度の詳細（不服申立、評価基準等）および課題等についても同書参照。

10 Centre national d'étude des systems scolaires (Cnesco), *Conférence de comparaisons internationals: dossier de synthèse*, Paris, 2020, p.10.

スでは、研修およびそこで習得した事柄が教員のキャリアや報酬を反映することが提言され、そのためにMEN以外で個人が自発的に受講したものも含めて研修履歴を管理する仕組みの構築が必要とされている。

　日本において昇給や昇進を教職の適切なインセンティブとして位置づけうるかは難しいところであるが、「教員の職能形成を制度として保証するものとなるためには、そのあり方を体系的に整理するだけではなく、研修のインセンティブもあわせて考えていく必要がある」[11]との指摘もなされているように、研修に対して資質能力の向上以外にも何らかの副次的メリットを考えても良いのではないだろうか。教特法で「職責を遂行するために、絶えず研究と修養に努めなければならない」と規定されてはいるが、精神論だけで押し切れるような時代ではないように思われる。

　上述のように、フランスでは研修履歴の管理がその処遇への反映に必要なツールとして認識されている。日本では教員免許更新制の発展的解消に関係する法改正で「研修等に関する記録」の作成が求められるようになった。文脈は少し異なるかもしれないが、教員の資質向上のために研修を奨励するという側面は共通しているといえよう。フランスにおいてこれがどのように進展するかは今後の推移を見守るしかないが、日本では管理強化や研修の義務化への懸念、すなわち、研修における自己研鑽の権利としての側面が弱まり、命じられて義務として行われる性質が強められることへの懸念も生じつつある。確かに、現在のフランスの、とりわけ中等教育においては、研修における教員の自由度が高いと言えるかもしれない。関係する制度の違いはあるにせよ、教員のやる気や積極性という面ではプラスに作用するであろうから、教員の興味・関心を研修の中心に据えることは重要であると思われる。ただ、本人の自覚するニーズだけで決めて良いのかという疑問も残る。というのも、教員のキャリアを考えた時に、本人が必ずしも望まなくとも身につけておく必要のある資質能力も想定される。教員個人の意向を尊重しつつも、外部から適切な助言を得てバランスの取れた資質能力の形成が可能となる仕組みが構築されると良いように思われる。

11　名須川知子・國崎大恩「諸外国の現状と課題から見る教師教育モデルカリキュラム開発にむけた論点」名須川知子・渡邊隆信編『教員養成と研修の高度化』（ジアース教育新社、2014年）139頁。

4．教育政策と教育の現場：制度の中にいる人への眼差し

　以上、日本のことも意識しながら、フランスにおける教員の育成策について、その政策や制度改革を中心にみてきた。ここではそれらを少し違う角度からみてみたい。すなわち、ここまではどのような政策が実施されてきたか、どのような改革が行われてきたか、あるいはどのような改革を行おうとしているかという観点から記述してきたのに対して、とりわけ改革をめざす際にどこに注目しているのかという点から論じてみたい。もちろん、制度改革において注目されることは1つではないが、ここでは教育の現場への着目あるいは教育制度の中にいる人への眼差しという観点から、フランスにおける教員の育成策や関係する制度改革について論じてみたい。

　第1に、第5章で取り扱った現在進行中の教員養成制度改革についてである。そこで述べたようにこの改革が進められた要因は1つではないが、学生の負担の解消が重要な理由の1つとして掲げられていた。第4章で示したように、ESPE創設に伴う改革の際に、「修士化」改革で弱められていた実践力の涵養が復活した一方で、同改革で強化された研究力のそれが一定程度残されることとなった。その結果、ESPEの学生たちはいわゆる座学での必要な知識の修得、教育実習、卒業研究（修士論文）と過密なカリキュラムの中で多忙を極めることとなった。マクロン政権下の改革では、教員採用試験と責任実習とを1年後ろにずらし、M2修了後に学校で行われる責任実習にINSPEがかかわる形でその解消が図られている。同時に、各学年・各学期で学生たちの学習目標を整理し、各時点で学生たちが何をすべきかをわかりやすくするものでもあった。

　第2に、第6章で取り扱ったEAP制度である。この制度は、一方では経済的に厳しい教職志望の学生に対して、その志を断念することがないように金銭的支援を行うものである。と同時に、教職に対する学生の興味関心のいっそうの喚起、動機付けのさらなる強化を図るものである。すなわち、物理的な側面だけではなく、心理的な側面も考慮に入れた制度であり、精神的な部分にも働きかけるものといえよう。初期においては学生（EAP生）の実状と合わない部分、例えば学校での業務と大学の授業との調整、雇用にかかわる校長の事務負担などの問題があった。しかしながら、当初から予定されていた見直し作業において、これらの問題を修正すべく、勤務形態の修正や雇用方式の変更により、当事者たちの不具合や負担の解消が図られた。

第3に、第7章で取り扱った教員の研修である。これに関する事は既に本章においても述べたが、学校や教員の研修ニーズの把握とそれを反映した研修の実施、さらには実施方法も教育の現場の実状をふまえたものにすることが求められている。加えて、教員が研修を受けることに対するインセンティブについても、研修の拡充を支える重要なポイントとして、現状分析と改革提言において少なからぬ部分が割かれている。そのような改善を図ることにより、研修に対する教員の動機付けを高めたり、物理的なものだけでなく心理的な負担も軽減したりすることにより、研修が有効に機能すること、その質を高めることがめざされている。

　ただし、制度の中にいる人への眼差しという観点は万能ではない。教員養成制度改革においては、学生の負担軽減や学習目標の明確化が図られる一方で、養成期間が長期化することになった。この点を現に養成制度の中にいる学生たちや、これからそのプロセスに入っていく教員志望の学生たちがどのように評価するかは、今後の改革の推移を見守る必要がある。EAP制度については、EAP生や校長の不具合や負担が一定程度解消される一方で、チューター教員については大学との連絡調整の役割が付加されるなど、逆に負担が増している面もある。また、チューター教員に対する教育行政からの支援の改善についても、関係する資料においては不明確である。研修に関しては、創設時に期待されたESPEの研修への関与が不十分であったのは、大学区がESPEの人員不足を勘案したことが一因になっているとされる。つまり、教員養成の現場であるESPEに対して教育行政側の大学区が無理をさせないように配慮したことが裏目に出たと見ることもできる。

　とはいえ、教育の現場からの政策形成、その実情に合わせた実効性のある教育政策の可能性を、これらをヒントに考えてみることは意義があるのではないか。教育政策が法令で規定される目的・目標に合致していること、今後の社会において必要とされることの教育・学習をめざすものであることは、もちろん必要なことではあるが、それだけでは十分ではない。これらの要件を満たしていても、それが実際の教育が行われる学校の実状と合っていない、あるいは実際に教育を担う教員の思考様式や行動様式に合っていないものでは、十分な成果が上がるとは思われない。理論的には正しいが、効果を発揮しない政策を作り続けても一向に教育は改善しない。もちろん、教育を改善するには学校・教員に変わってもらわないといけないこともあろう。より有効に機能する政策、より現場に浸透する政策を形成していくという観点からは、その際に「いかに

すればより主体的・能動的に動いてもらえるのか」といった要素や、そのための仕掛けを政策の標準装備として組み込んでいくことも必要なのではないか[12]。

5．まとめにかえて

（1）共通する教育課題

　「はじめに」で示したように、日本とフランスで共通する教育課題は多いし、教員の育成策をめぐっても共通する課題は少なくない。本書で主として扱ったテーマでいうと、教員が身につけるべき能力とその育成方法、教職への優秀な人材のリクルート、キャリアを通した教員の資質能力の向上などである。フランスでの議論や採られた対応策は、日本での取り組みとは異なる物も少なくない。以下、今後日本でも充実を図る必要がある共通する教育課題について、本書では十分に言及できなかったが、今後の研究課題になりえるものとして提示することで、むすびにかえたい。

　まず教員の育成におけるスタンダード化である。第１章でも述べたように、2015年答申に基づく法改正により、校長・教員の資質向上を図るための指標を定めることになった。第３章で少し紹介したようにフランスでは「教職員の職業的な資質・能力の基準」が設けられ、これに沿った教員養成や教員採用試験、さらには研修が行われることになっている。スタンダード化の問題は両国に限らず国際的な関心事でもあり、既に国際比較研究も行われている[13]。しかし、これらスタンダードの養成段階での組み込み状況（カリキュラムや教育方法など）や、教員の資質能力の向上への作用・効果などについて、今後研究していく余地は残っていると思われる[14]。

12　岩田康之は、新人教員の育成に関して「新人教員には全ての仕事を委ねず、負担軽減を制度化するぐらいの改革が要る」と指摘している（岩田康之「新人教師の負担、軽減を」『日本経済新聞』2021年11月９日）。新人教員が子どもたちに教育を保障できることが前提にはなろうが、その勤務実態を考慮に入れて新しい仕組みを作っていくような発想が、実効性のある政策形成という意味において、今後重要になっていくと考える。

13　大杉昭英研究代表『諸外国における教員の資質・能力スタンダード』（2017年）。

14　日本の教員養成に関しては、法改正前の研究であるが、別惣淳二・渡邊隆信編『教員養成スタンダードに基づく教員の質保証』（ジアース教育新社、2012年）がある。

次に校内研修の支援である。校内研修は日本では従前から行われており、教員の質の高さを支えているとされ、2015年答申でもその推進が求められている。フランスでも学校や教員グループ等を単位として実施される研修（ANT）がある。現状でも研修の中で一定の割合を占めているが、近年の改革提言ではこの拡充が推奨されている。日本の校内研修との大きな違いは、それが大学区全体の研修計画の中に組み込まれており、学校等との協議・交渉により教育行政機関（大学区）から講師が派遣される点である。日本でも校内研修を実施する際に教育センターが講師を派遣する制度を設けている自治体もある[15]。現状では派遣されるのは指導主事が中心であるが、より広範なニーズに対応することをめざすならば、大学との連携も視野に入れて、広く研修講師の人材バンクやリストの作成なども検討して良いのではないか。この点について、フランスの講師紹介システムの実状と課題の考察はその参考となり、校内研修のさらなる充実につながると思われる。

　教育委員会と大学との連携は2015年答申の重要なポイントの1つである。先に触れたスタンダード化（指標作成）に加えて、研修における大学・教職大学院等との連携が謳われている[16]。フランスにおいても、教員の育成における大学の活用あるいは教育行政（大学区）と大学（INSPE）との連携は重要課題の1つであり、研修の改革提言においても求められている事柄の1つである。具体的には先端研究の研修への取り込みと講師としての大学人の活用である。しかし、これは必ずしも目新しいものではなく以前から主張されてきた事柄であ

15　Web上で確認できる範囲であるが、校内研修への講師派遣制度を設けているのは都道府県レベルで30弱の教育センターである（教育センターで用意した内容を講師が学校に出向いて実施する出前型の研修を含めると30を超える）。例として大阪府教育センターの取り組みをあげると、「カリキュラムNAViプラザ」で事業の一環として「府立学校、市町村教育委員会主催の研修等への講師等の紹介・派遣」を行っている。府立学校の校長が（小中学校の場合は市町村教育委員会を通して）教育センターに研修の講師照会依頼を行い、派遣可能であれば講師（指導主事）を学校に派遣して研修を実施するという仕組みになっている（大阪府教育センター・ホームページ：https://www.osaka-c.ed.jp/category/karinavi/kounaikensyu.html（最終確認日、2022年4月15日）、大阪府教育センターにおいて2021年12月27日に実施した研修および研修支援に関する聞き取り調査）。

16　有識者会議の報告書においても国立の教職大学院の役割として「②教員の養成のみならず現職教員の教育・研修機能も強化しつつ、教職生活全体を通じた職能成長を支援する役割」があげられている（国立教員養成大学・学部、大学院、附属学校の改革に関する有識者会議、前掲書、20頁）。

り、裏を返せばなかなか進捗がみられないということである。フランスにおける今後の連携推進の動向の分析や、逆説的な考えかもしれないが、そこに存在する困難や阻害要因の考察は、今後の連携の推進の参考になると思われる。

　最後に、直接的な教員の育成策ではないが、今日の日本の教育政策との関係で、学校と学校外との連携をあげておきたい。教育基本法の改正により「学校、家庭及び地域住民等の相互の連携協力」（第13条）が規定され、今日ではコミュニティースクール化や地域学校協働活動が政策的に推進されている。これらを学校と学校外との関係として広くとらえるならば、フランスにはこの点において先進的な取り組みがなされている。第2章でも少し紹介したが、近年の政策でみると「水曜日計画」では学校教育と社会教育との連携により学業に偏向しない教育がめざされている。また、「宿題終わった」プログラムでは授業と授業外の学習との連関が期されており、そこにNPO（アソシアシオン）も関わっている。フランスの充実した社会教育の組織や活動、文化は一朝一夕にできたものではなく、日本の置かれている状況と文脈は異なるが、今後の地域学校協働活動に参照になる部分はあると思われるし、「チームとしての学校」の構築や、さらには教員の働き方改革に向けても示唆的であるように思われる。

（2）自らを見つめ直す機会として

　日本とフランスでは学校教育制度も異なっているし、そこで働く教員に関する諸制度も異なっている。教員の勤務時間、勤務形態、業務の範囲、役割分担は大きく異なっており、これらが他の相違にも関係している。また、本書ではあまり踏み込まなかったが、これらが立脚している社会システムや文化、歴史も異なっている。その違いが類似の課題に対する異なるアプローチの採用と関係していると考えられる。制度移入や政策移入を考えるのであれば、日本と状況の近い国を参照する方がわかりやすいかもしれない。では、フランスのように状況が大きく異なる国の制度や政策を参照ことには意義がないのかと言えば、決してそんなことはない。むしろ大きく違うからこそ参考になる部分もあると考える。政策移入を考えるとこのような比較は意義が薄いかもしれないが、自分たちの制度や実践の相対化として行うと、少なくともそれなりに意味を持ってくる。つまり、自分たちの行っていることは本当に正しいのか、我々の当たり前は本当に当たり前なのかなどを問うこと、自省のきっかけになるはずである。

　具体的に言うと、フランスでの改革動向が正しい方向に進んでいるのか否か

の判断は難しいが、それをみていると、実践的指導力は経験を多く積めばそれで良いのかと、実践を客観的に分析・省察してそれを理論との関係で意味づけ、それをより強く自分の資質能力とするためのスキルも必要ではないかと思えてくる。自分の実践は正しいのかを自問する教員、自分の実践の意味づけをしたいと思っている教員、自分の実践の理論的位置づけを知りたいと思っている教員は多い。研究力は本当に不要か、もしかしたら実践的指導力よりも重要でないのか、実は実践的指導力を研究力が支えていたりしないのか等々、疑問はつきない。研究レベルでも行うべきことはまだ多い。

　本書で紹介したフランスの事例をみて、日本の方が良いと思える部分も有ったかと思う（もちろん、何をもって良いとするかは難しいが…）。それはそれで良いと考えている。常に日本が劣っているというスタンスでいる必要はない[17]。当たり前だと思っていたことを大胆に見つめ直すきっかけになれば、あるいは逆に日々行っていることの（相対的な）適切さを確認することにつながれば幸いである。

17　この点に関しては、小松光／ジェルミー・ラプリー『日本の教育はダメじゃない──国際比較データで問いなおす──』（ちくま新書、2021年）を是非ご参照いただきたい。

あとがき

　本書は、冒頭でも述べたように、近年のフランスにおける教員の育成策について、筆者がこれまで行ってきた研究を、日本との比較も視野に入れながらまとめたものである。フランスの教育に詳しくない読者にもできるだけ分かりやすいように訳語などに工夫するとともに、フランス研究者の要求にも応えるべく最新の動向も可能な限り盛り込むよう努めた。そういう意味では、大学の授業で用いる教科書と専門書との中間的な内容となっている。本書が大学教育や研究、さらには教育政策に少しでも貢献できれば幸いである。

　拙著『フランスCNEによる大学評価の研究』（大阪大学出版会、2012年）のもととなった学位取得論文を書き上げてからフランス研究に対してバーンアウトしてしまったこと、さらに時を同じくして職務内容が大きく変わったことから、しばらくはフランスの教育制度の研究はおろか、フランス語からも遠ざかっていた。そのような中で、研究を再開するきっかけとなったのが、堀内孜先生（京都教育大学名誉教授）から教員養成制度の国際比較研究にお誘いいただいたことである。多少のブランクは感じたが、再開するとやはり面白さを感じるものである。この研究の一環として2015年11月に現地調査を予定していたところ、1週間前にパリ同時多発テロ事件が発生した。周囲は心配したが、渡仏中止の考えが知的好奇心を上回ることはなかった。本書の一部はこの研究成果をベースとしている。誠に残念ながら、堀内先生は2021年にご逝去された。本書に手厳しいご批判をいただくことは叶わなかった。

　さて、本書を作成するにあたって多くの方にお世話になった。園山大祐先生（大阪大学）、細尾萌子先生（立命館大学）にはフランス教育に関する資料をご提供いただくとともに、参考文献をご紹介いただいた。また、榊原禎宏先生（京都教育大学）、岩田康之先生（東京学芸大学）には教員養成に関する貴重な知見をご提供いただいた。かくして著者の知識・力量不足を補うことができた。筆者の所属する京都大学大学院教育学研究科の教育行政学研究室の院生の田口遥さんには、様々な面で助けていただいた。とりわけ最新のデータや情報などの資料収集や校閲についてお手伝いいただいた。彼女自身もフランスの優先教育政策を研究しており、そのことが刺激となり本書の執筆につながった面もあ

る。

　これらの方々の他にも、本書のもとになった研究・論文に対して多くの方に
ご指導・ご助言、ご協力をいただいた。また、本書では多くの引用させていた
だいたが、これら先行研究の蓄積の上に成り立つものである。面識の有無にか
かわらず、書籍を通してかかわることができた数多くの研究者に敬意を表した
い。さらに言えば、本書の作成に多くの時間を割いた分、目に見えにくい形で
研究室・講座等の関係者にご負担をかけてしまったことと思う。心よりお詫び
申し上げるとともに、本書の刊行をもってご容赦願いたい。これら直接・間接
に多くの方の支えがあって、本書を刊行することができた。これらすべての方々
のお名前をここに挙げることはできないが、お世話になったすべての皆さんに、
あらためて心より感謝申し上げる。

　最後に、出版事情が厳しい中、本書の刊行をご快諾いただいたジアース教育
新社の加藤勝博代表取締役社長、また本書の編集をご担当いただいた中村憲正
氏には、企画の段階からたいへんお世話になった。記して御礼申し上げる。

2022年6月　服部　憲児

著者紹介

服部　憲児（はっとり　けんじ）

京都大学大学院教育学研究科准教授。専門は教育行政学・教育政策学。広島大学大学教育研究センター助手、宮崎大学教育文化学部助教授、大阪教育大学教育学部准教授、大阪大学全学教育推進機構准教授を経て2013年より現職。京都大学大学院教育学研究科教育方法学専攻博士後期課程退学。博士（教育学）。主要論文に「学生・教職員交流型イベントのFD機能に関する研究―大阪大学における『ひとこといちば』の取り組みを題材として―」（大学教育学会誌、第40巻第1号、2018年）、著書『フランスCNEによる大学評価の研究』（単著、大阪大学出版会、2012年）、『教育行政提要（平成版）』（共編著、協同出版、2016年）、『コロナ禍で学生はどう学んでいたのか』（共著、ジアース教育新社、2021年）などがある。

フランスの教員養成制度と近年の改革動向
〜今後の日本の教員養成を考えるために〜

令和4年9月1日　第1版第1刷発行

著　者　服部　憲児
発行人　加藤　勝博
発行所　株式会社ジアース教育新社
　　　　〒101-0054
　　　　東京都千代田区神田錦町1-23　宗保第2ビル
　　　　TEL　03-5282-7183
　　　　FAX　03-5282-7892
　　　　URL　https://www.kyoikushinsha.co.jp/

DTP・印刷　株式会社創新社
カバーデザイン　土屋図形株式会社
ISBN 978-4-86371-638-4 C3037
○定価はカバーに表示してあります。
Printed in Japan